MAESTRÍA EN INVERSIÓN EN LA BOLSA & OPCIONES DE TRADING 2020

LA GUÍA COMPLETA PARA GENERAR INGRESOS PASIVOS EN LÍNEA, INVIRTIENDO EN ACCIONES, FUTUROS Y FOREX. RETIRARSE MILLONARIO CON ESTAS ESTRATEGIAS DE INVERSIÓN PROBADAS – PARA TRADERS PRINCIPIANTES Y AVANZADOS

GREGORIO AVENA

información contenida en este documento, incluidos, entre otros, - errores, omisiones o inexactitudes.

ÍNDICE

MAESTRÍA SOBRE INVERSIÓN EN LA BOLSA DE VALORES 2020

Introducción	3
1. Qué es Day Trading	7
2. Características que debe tener un day trader	11
3. Ventajas del trading intradía	17
4. Cómo operar intradía	23
5. Frecuencia para operar Day Trading	31
6. Estrategias Day Trading	41
7. Consejos y técnicas	47
8. Trading intradía Forex: lo que debes saber	55
9. Técnicas para trading intradía Forex	61
Conclusión	67

MAESTRÍA EN OPCIONES DE MERCADO BURSATIL - LA GUÍA COMPLETA PARA EL 2020

Introducción	75
1. Trading de opciones: aspectos básicos	81
2. Razones para hacer trading de opciones	85
3. Consejos para hacer trading de opciones	89
4. Tipos de opciones en el trading de opciones	107
5. Las mejores plataformas para hacer trading	113
6. Variables para elegir la plataforma trading más conveniente	133

Conclusión   139

MAESTRÍA PARA INVERTIR EN
FOREX 2020

Introducción   145
1. Los aspectos más básicos   149
2. Contexto del mercado Forex: lo que   157
   necesitas conocer
3. Los beneficios del trading   167
4. Consejos para ir de principiante a experto 177
5. Tipos de análisis para el Trading Forex   195
6. Conceptos claves del Trading Forex   203
   mediante CFDs
   Conclusión   213

MAESTRÍA SOBRE INVERSIÓN EN LA BOLSA DE VALORES 2020

LA GUÍA DE PRINCIPIANTES PASO A PASO PARA CONSTRUIR INGRESOS PASIVOS EN MENOS DE 20 HORAS (O MENOS) POR AÑO. DESCUBRE LAS ESTRATEGIAS PROBADAS PARA OPERAR TODO, DESDE ACCIONES PENNY, HASTA ACCIONES DE BLUE CHIP Y FOREX, Y RETÍRESE SIENDO MILLONARIO

INTRODUCCIÓN

El Day Trading es una estrategia de negocio que se basa en las operaciones bursátiles con compra y venta de activos, en las que se hacen las operaciones en el mismo día.

Es algo que se puede lograr si se trabaja fuertemente en ello, independientemente de lo que se esté haciendo, se sea escritor, empresario, atleta. Así se trabaja en el trading, dejándolo todo en el terreno.

En este trabajo se va a desarrollar la estrategia para comenzar a hacer trading, pero vamos a ir más allá de lo que es la teoría, de decir que es hacer dinero en un día; se mostrará lo que es bueno y malo en el trading y lo que hay que conocer previo a internarse en este mercado.

Primeramente esto del trading tiene que ser algo que genere pasión, deseo de hacerlo, se requiere de trabajo para tener una cuenta y sacar estos proyectos adelante, ya que no hay nadie al lado diciendo qué hacer y se puede ir fácilmente por caminos errados.

Para empezar se tiene que ver si se hace porque se necesita dinero, si es así, se está en el camino errado, porque lo más probable es que se acabe perdiendo el dinero que se invirtió.

¿La razón?

Para poder hacer trading se tiene que estar totalmente tranquilo y libre de presiones, no es que sea algo para personas de corazón frío, millonarios o genios, se trata de un tema de equilibrio mental y tranquilidad.

Si se empieza a trabajar en el mundo del trading por gusto y no por necesidad, las probabilidades de tener éxito son mayores, lo vas a hacer sin presión y sin involucrar los sentimientos, que de hecho son los protagonistas de muchos fracasos.

Hay que tener la mente centrada para hacer las cosas con consciencia; tener la capacidad para tomarse un respiro y analizar las situaciones de cada paso que se dé, esto es vital en el Day Trading. Si el resultado por operación hace perder el foco y actuar mal, entonces mejor no se intenta.

En este trabajo se va a desarrollar a fondo todo lo que es el trading, las ventajas que este tiene, lo vital que es ser disciplinado para que el Day Trading tenga mayores probabilidades de éxito, madurar y aprender a esperar el momento ideal para emplear las estrategias.

Se sabrá cómo operar intradía, paso a paso, haciendo los primeros movimientos que pueden ser darse un tiempo para que se estudie a fondo y se hagan pruebas en simuladores para ganar seguridad y experiencia antes de arriesgar dinero en el mundo real.

Además se dan consejos, como el saber los mejores días para invertir, elegir el mejor mercado y hora para hacerlo.

Todo esto y más se desarrolla en este libro, si se tiene el deseo de emprender en el mundo del Day Trading, este trabajo es el ideal para confirmar si es el camino y comprender mejor este complejo apartado del mercado bursátil.

1

QUÉ ES DAY TRADING

*T*e contamos lo que significa el Day Trading, este se refiere a las operaciones bursátiles de compra y venta de activos en las que se entra y sale en el mismo día, se puede operar de varias maneras, con criptomonedas, con monedas fuertes (divisas), acciones, materias primas, entre otros.

Tal y como lo dice el título, las operaciones bursátiles que se manejan, se concretan en una horas solamente. Este tipo de operadores consiguen que se les dé un reembolso por medio del apalancamiento de grandes cantidades de capital para aprovecharse de instrumentos de mucha liquidez, mientras hacen pequeños movimientos de precio en los mercados.

Las operaciones con el Day Trading cuentan con la ventaja de que el inversor puede especular ese mismo día y no tendrá que buscar financiamiento nuevamente o tarifas nocturnas, ya que todas las operaciones se cancelan cuando cierra la jornada bursátil de ese día.

Gracias a que las operaciones bursátiles se arriesgan y tienen altas recompensas, los operadores que usan esta modalidad deben tener en cuenta dos factores fundamentales: liquidez y volatilidad. Dado que se cuenta con la liquidez del mercado se puede permitir la entrada y salida de stocks a un buen precio, esto es porque tiene en consideración la diferencia entre el precio de la oferta y la demanda, un déficit bajo y la búsqueda de spreads estrechos.

Para medir la volatilidad se hace por el rango del precio diario, estas son las horas que trabaja el operador, entre más alta sea la volatilidad más será el potencial de beneficio, así como la proporción de pérdida.

Hay variables que toca considerar al momento de hacer el Day Trading:

Identificar posibles entradas, gráficos en el día. Por ejemplo IBEX 35 en tiempo real, de velas asiáticas.

Cotizaciones ECN, noticias en el momento y con calendario a bajo precio Forex, son algunos de los indicadores para incursionar en el mercado.

Buscar los precios objetivos, la identificación del precio es el óptimo al momento de entrar en el mercado, se tiene que tener seguridad de que se entra con un buen costo para lograr un beneficio cuando las operaciones cierren.

Stop-Loss, las operaciones que tienen margen aumentan el riesgo y la exposición a los movimientos rápidos de los costes; cuando se usa limita la pérdida en cualquier posición. Hay que superar las probabilidades, ver el rendimiento por medio del seguimiento estrecho de la estrategia en vez de perseguir los beneficios.

ESTO DEBE CONSIDERARSE ANTES DE INVERTIR EN LOS MERCADOS

Primero hay que preguntarse si toca irse en corto o en largo; si se abren o cierran posiciones rápidamente o se puede operar pensando en beneficio a largo plazo.

Hay muchas estrategias de los especuladores en los mercados, existen dos grandes subcategorías, que es vender y comprar posiciones breves u operar por un largo tiempo, esas son la base del estilo de cada trader.

EL LONG TRADING

Hay que analizar de qué va el Long Trading para tener una idea de lo que es y así saber elegir entre ambas opciones.

Esta es una definición que se refiere a las posiciones que están abiertas por un largo tiempo y pueden durar meses o años. En este tipo de posiciones el estudio de los factores es fundamental, para saber lo que afecta a los mercados.

Hay que verlos, para evitar complicaciones posteriores. Se requiere de más capital al inicio, ya que la mayoría de quienes invierten, deben resistir o superar los cambios que se dan en el mercado a lo largo del tiempo mientras se tenga abierta la operación. La idea que hay detrás de estas operaciones es que se creen reembolsos gradualmente sobre un periodo de tiempo.

2

CARACTERÍSTICAS QUE DEBE TENER UN DAY TRADER

LA DISCIPLINA

*C*uando un day trader es disciplinado se le paga por serlo. Esto es porque operar con disciplina permite que ingrese más dinero del que egresa. La gran realidad de acuerdo a los mercados es que la disciplina aumenta los beneficios. Si se es disciplinado cada día el mercado y las operaciones que se hagan van a recompensar, para un trader decir que es disciplinado es porque lo es totalmente.

Ser disciplinado es de gran importancia, pero no es una cosa que se haga de vez en cuando, es como decir que se abandona el vicio de fumar tabaco, pero de vez en cuando se fuma media cajetilla, en realidad no se dejó el vicio. Si se opera en nueve de cada diez operaciones, entonces no se es un trader con disciplina. Una operación que no se haga con la disciplina exigida causará daño en las operaciones y los resultados.

La disciplina se debe practicar en cada operación; cuando se habla de que el mercado recompensará, normalmente se refiere a que se tienen menos perdidas en las operaciones perdedoras a las que se tienen cuando un trader actúa con terquedad y mantiene una posición de pérdida por mucho tiempo. Entonces alguien que es disciplinado, si pierde por ejemplo 300 dólares, actúa y corrige, y no sigue perdiendo más, alguien terco pierde 300 dólares, se mantiene en los trece y pierde 1000 dólares o más.

La disciplina salva de pérdidas grandes.

Hay que ganarse el derecho a operar con mayores posiciones. Muchos traders que están empezando piensan que por tener una alta suma de dinero en sus cuentas pueden operar con decenas de contratos. Pero esto es errado, si no se puede operar bien con un contrato mucho menos se va a poder con 25 o más contratos.

Cuando se opera mal con un par de lotes, se deben reducir las posiciones a un solo contrato.

HABILIDAD PARA ENFOCARSE POR LARGOS PERÍODOS DE TIEMPO

La habilidad para enfocarse por largos periodos de tiempo es también una característica requerida que debe tener un day trader. Se tiene que tener la capacidad para ver listas y gráficos gran parte del día y hay que mantenerse concentrado y con los pies en la tierra.

Si no se puede hacer, es probable que toque enfocarse en otro tipo de trading, por ejemplo el swing trading o el position trading, se sabe que esto no es una tarea sencilla y que no todos tienen el poder de hacerlo, entonces lo más aconsejable es que se escoja el mejor para adaptarse y no fracasar.

PACIENCIA PARA ESPERAR OPORTUNIDADES COMERCIALES RENTABLES

Una de las grandes cualidades de un buen trading es que tiene que desarrollar el don de la paciencia. En el trading se tiene que tener mucha paciencia a la hora de hacer negociaciones, tanto para comprar como para la salida, no hay que caer en el deseo de intentar operar o negociar cuando lo que se ve alrededor no es un campo idóneo para el plan.

Un buen trader puede esperar el momento ideal a pesar de todas las tentaciones que pueden aparecer en el camino, porque son muchas, se puede ver algo sustancioso pero se sabe que no lo es y si se cae entonces es posible que se pierda dinero.

Por lo general se logran mejores resultados negociando menos y haciéndolo bien que negociándolo mucho y errando. Sin hablar del costo de negociación que existe al operar en exceso.

CURIOSIDAD PARA INVESTIGAR

Los mejores day traders, con frecuencia persiguen estrategias rentables de Trading, pero son contados aquellos que logran llegar al éxito de forma inmediata. Antes de apegarse por completo a una estrategia de corto plazo, se tiene que tener la disposición para probar múltiples estrategias, hacerlas constantemente hasta hallar la ideal. Una mejora va a conseguir que se quede con lo que realmente funciona y se deseche lo que no.

En cuanto a la programación no se tiene que ser un genio en el tema, pero en el Day Trading si se requiere tener cierta destreza en programas avanzados de computadora y trading.

Además de una disposición para probar nuevas plataformas y sistemas, acorde van saliendo. Un buen day trader tiene entusiasmo por los mercados financieros mucho antes de decidir entrar en el negocio por sí mismos, si se tiene esa inclinación natural por seguir las acciones los bonos y valores será fácil adaptarse a este ramo del negocio, pero si no se tiene la destreza para moverse entre finanzas y negocios, de seguro será más complejo adaptarse y posiblemente se tire al poco tiempo.

DETERMINACIÓN, CORAJE Y LA FORTALEZA MENTAL

Un buen trader o un gran inversor tiene que ser capaz de mantener la calma incluso en los momentos donde las emociones se desatan por una racha mala cuando por ejemplo caen las acciones en un porcentaje importante o hay caídas inesperadas que provoca arrancarse el cabello del desespero.

Tanto las malas rachas a corto plazo como los

mercados bajistas a largo plazo forman parte del juego. Un trader experimentado y con sangre fría ha aprendido que se tiene que vivir con esto y que tarde o temprano cae una mala racha donde se pierde dinero y hay que actuar con la mente clara para sacar lo mejor de lo peor.

Hay que aprender de las pérdidas, un trader que aprende de sus tropiezos, especialmente de esos que se dan en los primeros años, se hace un buen trader con el tiempo.

Se debe pensar un momento en que se puede llegar y besar a Dios, que se puede entrar al trading y triunfar y sacar altas sumas de dinero por unos meses.

Pero sucede que en ocasiones se fracasa y esto hace que muchos traders se frustren y abandonen el negocio, se ponen a hacer otras cosas relacionadas con el mundo, y muchas veces triunfan, aunque otros derrotistas siguen hundiéndose porque no terminan de digerir esos tropiezos y no se curan, no aceptan que es parte del juego de los mercados.

3

VENTAJAS DEL TRADING INTRADÍA

Ya se puede inferir que el trading intradía tiene muchas variables y puede ser una oportunidad de negocio para aquellos que quieren lograr la independencia económica. Estas son algunas de las ventajas que tiene hacerse day trader:

INDEPENDENCIA FINANCIERA

La independencia financiera es uno de los principales atractivos de esta profesión. Es una manera ideal de poner a trabajar el dinero. El tener un buen flujo de capital es posible por medio del mundo de la Bolsa.

El trading exige concentración y control emocional

y como ya se reseñó arriba: disciplina y paciencia. Esto se aprende y desarrolla en el camino aunque no permite grandes variaciones, una gran ventaja en este tipo de trabajo es que se aprende a conocer uno mismo y esto es increíble porque se actúa mejor.

Aunque se puede ejercer en vivo sobre el parquét, en las salas de Bolsa, por lo general se trabaja en un ordenador, esto deja como ventaja que se pueda trabajar en pijama, moviendo el dinero e invirtiendo como el conocimiento lo diga. Las acciones suben y bajan a diario, así que se puede hacer desde donde se quiera.

Internet cuenta con terabytes de información, hay muchísimos libros, revistas y hasta en televisión, este ramo se puede aprender cuando se tiene el deseo de hacerlo.

En muchas ocasiones se elige este tipo de trabajo en los mercados bursátiles porque la suma que se requiere para arrancar es bastante reducida. Por ejemplo, si se tienen unos veinte mil dólares se puede empezar con firmeza y soltura, no hay duda. Aunque la gente de a pie no tiene ese dinero acumulando polvo en la casa. Esto no es impedimento para hacer las primeras compras de acciones, si se mantienen las ideas claras y se centra en aprender primero y luego en hacer dinero, pues se está haciendo el trabajo bien.

Se puede ahorrar el dinero para empezar y ese tiempo se puede invertir en aprender todo lo posible sobre este tema. Una gran ventaja que tiene este negocio es que se puede controlar el riesgo al que se expone el dinero y se hace de manera precisa. Por ejemplo, si no se quieren perder más de 200 dólares en una operación, no se tiene por qué perder ni un centavo más.

Otra gran ventaja es que no necesariamente se tiene que pensar en hacer trading intradiario de gran velocidad, se pueden hacer operaciones de otros tipos, que se piensen con calma, que se vean evolucionar poco a poco y gestionarlas con tranquilidad de un día para otro, se toman notas con cuidado y se aprende con calma los entresijos de los mercados, se fija la velocidad a la que se quiere jugar.

Otra de las grandes ventajas del Day Trader es que se puede hacer desde donde sea, solo se necesita un ordenador con conexión a internet para operar. Se puede hacer en casa, en las vacaciones, en donde sea, aunque parezca alfo fútil no lo es, es inmensamente práctico.

Una de las ventajas más exclusivas es que se puede trabajar la libertad financiera con adaptabilidad horaria, se puede compartir con el trabajo diario, por lo que se pueden hacer más cosas mientras se es trader.

Para ir rápido se puede operar en la mañana en el mercado español y por la tarde en el mercado americano, hay mercados internacionales como el de divisas donde se puede trabajar incluso a cualquier hora del día.

Si se es de plantear operaciones de un día para otro, se pueden estudiar al terminar la jornada laboral o controlarlas incluso con el móvil.

Se puede adaptar a la vida de cualquiera, solo que tiene que elegir la mejor modalidad.

Finalmente, el trading es una alternativa con la que se puede trabajar para alcanzar unos mejores ingresos económicos sin ataduras, puede ser un estilo de vida que se adopte desde ahora.

La independencia financiera comienza por reunir dinero de muchas maneras para empezar a tener activos, es una alternativa de primera este negocio del trading. Todo está en manos de quien lo haga.

RÁPIDA CURVA DE APRENDIZAJE

El Day Trading cuenta con una curva rápida de aprendizaje, en poco tiempo se tendrá mucha oportunidad para aprender y negociar, si se es un day trader se aprenden a hacer muchas operaciones más, que lo que aprendería cualquier otro tipo de comerciante, esto significa que se aprende con más rapidez y se es más competente en poco tiempo.

Esto es algo que el mismo ambiente enseña, porque aunque es un campo donde se puede hacer dinero, requiere de la estrategia de cada uno poder desarrollar las habilidades para sacar los mejores frutos económicos.

NO HAY BRECHAS DURANTE LA NOCHE

No existen brechas durante la noche. Dado que en este mercado se abre y se cierra en el mismo día, el day trader tiene menos riesgos, no se lleva el mismo peligro que cargan los trader que se exponen a que el mercado abra en un nivel distinto al que cerró el día anterior, que puede o traerle beneficios o pérdidas. Se opera en el mismo día, lo que es una gran ventaja.

LOS DAY TRADERS PUEDEN DISFRUTAR DE UNA CURVA DE P&L MÁS SUAVE

Otra de las grandes ventajas es que los day traders pueden gozar de una curva de P&L más suave, esto se debe a que ejecutan diversas operaciones diarias, una mala racha puede durar un par de días en cambio con otros tipos de operaciones puede prolongarse hasta por meses y años. Por ello es una manera en la que se puede reducir esos momentos tensos donde el mercado juega en contra.

OPORTUNIDAD DE GENERAR INGRESOS RÁPIDAMENTE

Se tiene la oportunidad de generar ingresos rápidamente. Las operaciones permiten a los day traders aumentar las ganancias en poco tiempo, cada transacción es una nueva oportunidad para ganar más dinero para la siguiente operación.

Dado que esto es diario pues en ese día se encamina a que se gane dinero o se pierda.

Estas son alguna de las muchas ventajas que tiene el operar intradía. En el próximo capítulo vas a conocer cómo operar y hacerte un day trader

4

CÓMO OPERAR INTRADÍA

DOMINAR LOS MERCADOS DE VALORES

*P*ara un day trader es elemental saber cómo funciona el mercado de valores que es donde se comercian las acciones, esto es esencial. No todos saben realmente qué es ni cómo funciona. A continuación se describe puntualmente este escenario en donde se invierte el dinero.

Para empezar, el primer punto es que el mercado de valores es una cadena de intermediación, por eso entras a este mercado donde compras y vendes acciones, esto funciona de una manera organizada y debe ser así, porque si no todo sería un caos y no se podría controlar ni saber quién compró o quién vendió cuáles acciones.

Tampoco se puede conocer el costo de estas, y menos saber si se está especulando con ellos ni si se opera en el marco de la ley, es por eso que para contar con el control se ha creado el mercado de valores. Este se compone por distintos actores y eslabones, la finalidad es poder lograr que las acciones se den según las normas y que garantice el acceso democrático a todos lo que quieran entrar en ellas.

En el mercado de valores el inversionista está del lado izquierdo de la cadena, a la derecha se encuentra el brokers o corredor de bolsa, le siguen los market makers y a ellos las bolsas de valores. Los brokers son las empresas que conectan con los inversionistas que cotizan en la Bolsa, para invertir se tiene que tener una cuenta con alguno de ellos. Pero es el trader el que toma las decisiones y ellos reciben y administran el dinero.

Los creadores del mercado son los que cuentan con el dinero o quienes reciben los fondos de los bancos de reservas, cotizan en la Bolsa y comercian con ellas.

Las empresas que ponen sus acciones en las bolsas de valores, se dividen en índices como el Nasdaq y el Dow Jones, aunque hay muchísimos más.

Tal como sucede con cualquier cadena comercial, igual sucede con las inversiones: los productores deben llegar a sus consumidores, pero es inviable que les golpeen a cada uno en su puerta para que les compren, entonces se ponen a buscar a un comprador que luego se encarga de distribuir el producto, por esto gana un dinero, pero es un garante de que esto llegará al consumidor final, mientras que el productor gana lo que le corresponde por ley.

Es esencial comprender el funcionamiento del mercado y los elementos principales que determinan los movimientos de este, un trader irradia y controla los indicadores técnicos y fundamentales.

Esto es algo que complementará la visión de mercado que se tiene y se podrá identificar la oportunidad en los distintos tipos de traders que se están buscando, también se puede complementar la opinión sobre una oportunidad de inversión.

DISCIPLINA EXTRAORDINARIA EN TRADING INTRADÍA

En todos los aspectos de la vida, la disciplina es clave, pero en este caso hay que serlo totalmente, el descuidarse en las transacciones intradía puede causar inmensas pérdidas, el éxito del mercado de valores sin disciplina es algo casi imposible.

Se debe poder controlar el precio durante algunos periodos, sin tomar decisiones imprudentes, esto es algo difícil y exige mucha disciplina. En ocasiones el mercado se mueve tal como se ha anticipado, pero el que se haya podido anticipar no significa que se tenga que ejecutar la orden.

A veces causa frustración el poder ver movimientos rentables en el mercado que se habían predicho pero que no se ejecutaron, esto da rabia, empero es mejor perder oportunidades que lanzarse a un abismo y perder dinero.

Decir que el Day Trading es rentable no es algo que se responda fácil, lo que sí se puede decir es que operar conlleva riesgos y no se puede asumir sin tener la preparación para ello, porque puede causar grandes pérdidas, aunque hacerlo con sapiencia puede traer muchísimos beneficios.

Lo clave en cualquier estilo de trading es que se tiene que hacer un plan que tenga una gestión detallada del riesgo, esto quiere decir la relación riesgo, recompensa adecuada y con control.

ADAPTAR LAS ESTRATEGIAS

Hay que adaptarse a las estrategias para poder reducir las pérdidas y aumentar las ganancias. Dado que las condiciones del mercado varían día a día entonces se tiene que estar atento para cambiar las estrategias cuando sea preciso hacerlo.

El day trader que quiere generar dinero tiene que presentar mecanismos al menos cada par de días para que pueda ajustar la estrategia que trae hasta el momento a las condiciones que se le están presentando en el mercado. Para lograr esto se necesita que el trader tenga una mente de creativo.

No existe una fórmula para lograr el éxito en el Day Trader, la formación es elemental, pero esto no garantiza el éxito. El riesgo aumenta cuando los precios están fluctuando de manera brusca cada día. El Day Trading elimina el cobro de comisiones por conservar las posiciones abiertas en la noche. El Trading denomina estas comisiones como swap, en algunos casos las operaciones están en dirección contraria al mercado y puede que el swap sea beneficioso, entonces llegue ingreso en vez de pagar comisión.

Tener una estrategia que se base en adquirir activos con swaps positivos se llama Carry Trade, pero eso es tema más profundo que no abordaremos ahora.

El Day Trading se utiliza para poder evitar arriesgarse con movimientos grandes de precios en las noches, momento en el cual no se pueden controlar los mercados o están cerrados. Este riesgo se elimina y es una de las ventajas que lo hacen tan atractivo.

Por otra parte el Day Trading es una actividad de mucha especulación, el mercado está marchando sin contratiempos, los traders son importantes para los mercados, ya que le inyectan liquidez.

La estrategia que se usa es aprovechar los movimientos que suben y bajan y generar ganancias durante las sesiones. En estas especulaciones por lo general se está buscando una acción, una serie de acciones o una divisa que sea muy líquida.

Para aumentar las probabilidades de éxito como day trader se tiene que contar con una cantidad de capital y mucho conocimiento de mercado, aunque esto no es algo que garantice ser exitoso, pero aumenta las probabilidades de alcanzar las metas.

5

FRECUENCIA PARA OPERAR DAY TRADING

LA APERTURA DEL LUNES NO ES BUENA PARA EL TRADING

lgo que se tiene que tener en cuenta es que los lunes son un día poco rentable para hacer trading, esta es la razón: el lunes básicamente es un día en el que se da el posicionamiento, ahí es donde el precio define un poco la tendencia que va a tomar durante la semana. Entonces es normal ver inicios de sesión que son planos hasta que el activo en cuestión se encamina en un destino sea en alza o en baja.

Es una operación que puede tomar bastantes horas y

termina haciendo que el lunes tenga menos oportunidades para entrar en el mercado además de menos garantías si el precio no tiene una dirección que sea clara, entonces empieza a oscilar y puede cambiar de dirección o da señales falsas.

Por lo tanto, hay que elegir mejores días para hacer trading y olvidarse del lunes para ello. Aunque esto es algo muy a criterio de cada trader y no existe un patrón común para todos. De acuerdo a la estrategia que se tenga y el mercado, pueden verse algunas tendencias o situaciones que hagan que la operación pueda ser más rentable operando en días y horas determinados.

Es algo que irá marcando la experiencia, si aún se está en la fase inicial de principiante en este mundo del trading, se pueden buscar en internet herramientas como las cuentas demo de brokers, una manera ideal para pulirse en este terreno.

LA APERTURA DE LONDRES ES BUENA PARA EL TRADING

La apertura de Londres es una buena hora para comenzar a hacer el trading, esta es la razón: el mejor horario para invertir es entre las 9 de la mañana y las 5 y 59 de la tarde, hora española. Coincidiendo con una gran cantidad de traders que están en el mercado de divisas y por lo tanto teniendo más oportunidad para hacer negocios, en este horario es donde se dan la mayoría de las operaciones del día que se mueven para aprovechar y lograr sacar lo mejor del Day Trading.

Los momentos más buenos para aprovechar durante el día es a las 9 de la mañana, la hora en la que abre en Londres y las dos de la tarde hora española, que es el momento en el que abre en Estados Unidos y cerca de las 5 y 59 hora española, que es cuando está cerrando Londres.

Antes de que termine la sesión en Asia, la sesión europea toma las riendas para mantener activo el negocio, es un horario bastante movido y comprende centros financieros importantes, las horas de trading en Europa van desde las 7 hasta las 4 de la tarde.

EL TRADING DE BREAKOUT SE APLICA AL TRADING INTRADÍA CUANDO SE HA PRODUCIDO UN NUEVO MÁXIMO O UN MÍNIMO

El Breakout o trading de rupturas puede aplicarse al Day Trading y se puede usar con buenos resultados dados los beneficios que proporciona. Un Breakout es un evento que se da cuando el precio rompe fuera de un determinado rango de movimiento en el que ha estado por un periodo de tiempo, se refiere también a la ruptura del precio de niveles con precio específico como soportes y resistencias, niveles de Fibonnaci, pivot points, entre otros.

El objetivo de hacer trading con los Breakouts es aprovechar la volatilidad que normalmente se produce cuando el precio rompe fuera de niveles de precios considerables.

COMPRAR EN EL PRIMER PULLBACK DESPUÉS DE UN NUEVO MÁXIMO

Se puede comprar luego del primer pullback después de un nuevo máximo; el pullback es un movimiento de recuperación que el precio de un activo hace luego de perder una zona de soporte en su caída, esto quiere decir que se trata de un movimiento de vuelta a ese soporte perdido.

Luego de una rotura de soporte, la cotización tiende a caer hasta un punto desde donde se comienza a dar un ascenso o rebote que llega hasta ese soporte perdido. Se sabe que es un pullback cuando no logra volver a estar por sobre ese soporte y vuelve a descender, rompiendo incluso los mínimos anteriores desde donde rebotó.

Por lo tanto el pullback es solo un giro hacia las cosas perdidas anteriormente, un momento donde se descansa para seguir con la tendencia.

La última hora de negociación (normalmente en las sesiones de Londres) a menudo dice la verdad sobre lo fuerte que es realmente una tendencia

Cuando se está ante la hora de Londres y es la última hora de negociación se sabe lo fuerte que puede ser una tendencia; un trader que comienza en este mundo busca información sobre cómo empezar a operar con ganancias, por lo general consigue consejos de seguir una tendencia, si las divisas suben es necesario que se compre, si caen la recomendación es vender, es más es una recomendación con mucho sentido. Pero cuando se quiere poner en marcha, está claro que no es algo tan fácil, para lograr ganar dinero por medio del trading de tendencias, se necesitan instrucciones más detalladas y conocer esta pequeña estrategia de saber hacer la negociación a última hora basándose en las sesiones londinenses, que ayudan a conocer las tendencias fuertes.

NO OPERES EN DÍAS FESTIVOS NI LOS VIERNES A ÚLTIMA HORA

Los principales mercados que se mueven en el sistema financiero, como lo son el mercado asiático, el mercado de Europa y la Bolsa de Nueva York, cierran los fines de semana, esto causa que se reduzca la liquidez en un 95%, esto hace que prácticamente los activos o acciones se mantengan sin cotizaciones de referencia.

Por lo tanto no se recomienda que se haga trading durante los fines de semana, tampoco que se haga a última hora los viernes porque se aumenta el riesgo de perder dinero.

NO OPERES CUANDO EL MERCADO ESTÁ EN UN RANGO DE 20-30 PIPS DURANTE EL DÍA

No se debe operar cuando el mercado está en un rango de 20-30 pips en el día, pero primero ¿qué es pip? Es la abreviatura en ingles de "point in porcentaje", es una medida de movimiento más pequeño del tipo de cambio en un par de divisas. El pip es una unidad estandarizada y es la cantidad más pequeña en la que una cotización de una moneda puede variar.

Este tamaño estandarizado ayuda a proteger a los inversores de perder dinero que causaría una unidad de variación de más tamaño. Un ejemplo, si el punto menor de variación es igual a 10 puntos básicos, si ocurre un cambio de punto causaría más volatilidad en los tipos de cambio de las divisas y aumentaría el riesgo.

Por lo tanto si se habla en lenguaje general, el pip corresponde a un 0.0001 $ para los pares de divisas relacionadas con el dólar de Estados Unidos.

Como se explicó, la variación de un pip de los tipos de cambio en las variables, es la que define si una operación tiene resultados positivos o negativos y en última instancia la cuantificación del beneficio o el fracaso en una operación.

Es por eso que operar con 20-30 pips en el día, no es beneficioso.

A VECES NO TENER UNA POSICIÓN EN EL MERCADO EQUIVALE A TENER UNA POSICIÓN RENTABLE

El day trader tiene que mantenerse abierto para ver el movimiento del mercado en el día, casarse con una posición podría aumentar el riesgo de perder oportunidades, pero el estar abierto a posiciones varias y elegir la que sea idónea en un momento del día, puede ser bastante rentable.

EL RANGO DE LA PRIMERA HORA DEBERÍA ESTABLECER EL MARCO PARA EL RESTO DEL DÍA DE TRADING

Cada día es distinto en el mundo del trading, ese rango de la primera hora del día establece un marco de cómo van a ir las cosas para el resto del día, esto es algo que con el tiempo y la experiencia se comenzará a dominar mejor y se sabrá rápidamente cómo va a ser el día cuando empiece a ver los movimientos iniciales.

6

ESTRATEGIAS DAY TRADING

ESTRATEGIA TENDENCIAL

*E*l seguimiento de tendencia es un tipo de estrategia de negociación en los mercados que tiene el objetivo de aprovechar los movimientos a largo plazo con sus alzas y bajas. Se produce en distintos periodos.

Se caracteriza por seguir la dirección de las tendencias del mercado y lograr beneficios de las alzas como de las caídas del precio de los mercados financieros, un ejemplo, cuando se hace trading se suelen presentar tendencias que pueden durar varias horas e incluso días, semanas y hasta meses. Esto puede producir grandes ganancias a los traders que entran en esta dirección.

Los trader que usan este enfoque pueden trabajar diversas herramientas para conocer a dónde va a ir el mercado, tener patrones en imágenes, que son las acciones del precio, medias móviles, rompimiento de canales y otros para poder establecer la dirección que va a tomar el precio.

El método que usan para seguir las tendencias incluye una gestión de riesgo que tiene estos tres elementos:

- El tamaño de la posición.
- El costo del mercado.
- La volatilidad actual del mercado.

Dentro de las primeras reglas de gestión de riesgo, está determinar el tamaño de posición al momento de entrar, saber la cantidad que se debe comprar o vender se basa en la cuenta de trading y en la volatilidad del mercado al que se quiere llegar.

Los cambios de precio pueden aumentar o reducir la posición inicial, por otra parte los movimientos adversos del mercado llevan al cierre total de una posición para limitar las pérdidas.

Una de las primeras reglas en los sistemas de seguimiento de tendencia es que el precio es la principal preocupación que tiene el trader, estos pueden usar otros indicadores que muestran el sitio al que puede ir el precio más adelante o dónde tendría que llegar.

Pero por regla general son herramientas que no deben tomarse en cuenta, el trader solo se debe preocupar por lo que el mercado haga actualmente, no por eso que podría o no hacer, el precio de ahora y solo ese precio dice lo que el mercado hace.

Las estrategias de seguimiento de tendencia tienen que ser sistemáticas, el precio y el tiempo son claves en todo momento, son un tipo de sistemas que no se basan en el análisis de factores fundamentales de oferta y demanda.

Los sistemas de seguimiento de tendencia están entre los más comunes y algunos son bastante exitosos.

CONTRATENDENCIA

Las estrategias de contratendencia apuntan a determinar el punto de reversión de una tendencia, hay traders que manejan esta estrategia y toman sugerencias de los patrones de velas de reversión, también aplican osciladores como MACD o RSI para saber si el mercado está sobrecomprado o sobrevendido y si notan algo que no esté correcto entre el precio y el indicador, si las señales están presentes, entonces las posiciones abiertas de los traders contrarrestan la tendencia anterior.

ANALIZAR EL CALENDARIO ECONÓMICO

El calendario económico es una herramienta esencial para el trader, este resume los anuncios y publicaciones que se esperan en las próximas sesiones de trading.

Esto es realmente un dato clave que influye en el precio de los mercados grandes y chicos, es por esta razón que el calendario económico es una de las herramientas de análisis a la que debe ir el trader en relación con las noticias fundamentales de una economía.

El trader va a obtener esta información:

- La hora de publicación según su ubicación.
- Donde nace el anuncio, el país que publica la noticia, así si el par USD/CAD es uno de los pares con los que se opera, se está más atento

al calendario económico en tiempo real de Estados Unidos y Canadá.

Su importancia, especialmente el impacto en el activo financiero en cuestión, si el impacto no es muy grande, el precio de la divisa relacionada no se va a ver afectada de manera significativa, por otro lado, en el caso de un anuncio importante se espera que haya una volatilidad alta en el activo financiero.

Lo que salga en estas noticias va a permitir juzgar el carácter del evento, sea que se hagan datos del desempleo de América o que se dé un discurso de Mario Draghi.

Los resultados, además de las estadísticas de previsión que se obtengan ayudan a que se adquiera una idea de la evolución de los datos y se confronten con el consenso del mercado.

Teniendo toda esta información el trader va a poder seguir esas tendencias de mercado en tiempo real pero también las divisas del futuro.

ANÁLISIS TÉCNICO

El análisis técnico es un sistema que permite examinar y predecir los movimientos de precios en los mercados financieros partiendo de datos que se tengan a lo largo de la historia y las estadísticas del mercado.

Se basa en la idea de que si un inversor puede identificar patrones previos, entonces va a poder predecir los movimientos que vengan de una manera bastante exacta.

Junto con el análisis fundamental, esta es una de las escuelas principales del análisis de mercado, el análisis se centra en el valor real del activo por lo que tiene en cuenta los factores externos y el valor intrínseco de este.

Es un análisis que se basa exclusivamente en los gráficos de costos de un activo, el identificar patrones en un gráfico es lo que se emplea para predecir movimientos futuros.

7

CONSEJOS Y TÉCNICAS

IDENTIFICA TU PERFIL COMO INVERSOR,
ES DECIR, TU AVERSIÓN O APETITO POR
EL RIESGO

*L*a determinación del propio perfil como inversor constituye un punto de partida para tomar decisiones si se invierte o no. Esto ayuda a definir los productos financieros que encajan con las necesidades y las preferencias. Se tiene que ser consciente de que el intermediario financiero solo tiene la obligación de analizar los objetivos de inversión y las preferencias cuando presta servicios de asesorías o gestión de carteras.

En otras circunstancias el intermediario se limita a analizar los conocimientos y la experiencia, la capacidad para poder comprender la naturaleza y los riesgos del producto ofertado. Este va a informar cuando suceda algo para que se hagan los ajustes, hablará de la ausencia de conocimientos para entender correctamente el producto ofertado, sin entrar a ver los ajustes del mismo al perfil de riesgo o los objetivos de inversión.

Al margen de esto, el intermediario tiene la obligación de informar sobre los riesgos y todos los detalles de eso que va a asumir, hay que entender la información que se recibe y el nivel de riesgo que se asume en cada producto que vaya a contratarse antes de hacerlo.

Para determinar el perfil de inversor se deben responder a estas preguntas:

¿Cuál es mi punto de partida? Es donde se define la situación financiera actual, los ingresos, las deudas y los gastos.

¿Cuáles son mis metas concretas? Hay que determinar los objetivos financieros, de una manera realista y concreta, por ejemplo el querer tener independencia financiera, este puede ser un objetivo algo difuso y con poca operatividad. Pero decir que se va a ahorrar veinte mil dólares para invertir en trading es un objetivo concreto, con plazos, costos y fines.

¿De cuánto dispongo para lograr esto? La respuesta depende de la anterior y ayudará a determinar el tipo de productos que pueden interesar.

¿Qué nivel de riesgo estoy dispuesto a asumir en el camino? Es una cuestión que tiene un componente objetivo, la capacidad financiera, lo que se puede permitir perder y el otro subjetivo con los conocimientos financieros, la forma de ser y cómo influye en la tolerancia de riesgo.

También para determinar la apetencia o aversión al riesgo es clave que cada inversor reflexione para que tenga la seguridad de que ese riesgo que va a asumir en sus inversiones es compatible con el dinero que maneja y la capacidad para afrontar lo que pueda pasar.

ASEGÚRATE DE PROBAR TU ESTRATEGIA EN UN ENTORNO SIN RIESGO

Hay traders que piensan que para ganar dinero solo necesitan un par de cosas:

- Tener una cuesta trading
- Manejarse en el mercado con habilidad.

Pero esto no es así del todo, hace falta más, se requiere de una formación teórica, pero también que se practique, entonces el primer paso es que se experimente esa estrategia o estrategias que se tienen para ya luego invertir en el mercado real. La clave es practicar y hay unas herramientas que son geniales: los simuladores de trading.

El simulador de trading es un programa que como lo dice su nombre simula las condiciones reales del mercado, esta es una herramienta que permite hacer operaciones con dinero ficticio en los mercados sin arriesgar dinero real y pudiendo practicar en distintas estrategias ganadoras y así aprender poco a poco con el ensayo error.

Una gran parte de los simuladores de bolsa tienen un saldo virtual de 5000 a 100 mil euros en el que se puede operar en distintos instrumentos financieros, con dinero, materias primas, bonos, acciones, índices, entre otros. Igualmente ofrece la oportunidad de abrir posiciones en distintos mercados, desde el estadounidense pasando por asiáticos, y hasta los europeos.

El simulador ofrece una imagen fiel de las condiciones reales del mercado, pero también brinda dinero virtual, esto es útil porque ofrece probar estrategias para ver cómo cargan los spreads, el rendimiento o aprender el lenguaje de los inversores y conceptos claves como margen, taken profit o stop loss.

Estas son las características más importantes:

- Simulación en vivo y actualizaciones del mercado.
- Trading con una cuenta demo sin riesgos.
- Inclusión de todas sus características y funciones.
- Se puede probar cualquier estrategia de trading.

ANÁLISIS TÉCNICO: LA HERRAMIENTA FUNDAMENTAL DEL TRADER INTRADÍA

El análisis técnico es un estudio de los mercados financieros basado en gráficas, tendencias de cotizaciones, datos y patrones de precios. A diferencia del análisis fundamental, que está centrado en los estudios económicos, sociales y políticos, este tipo de análisis es solo matemático y algorítmico, se basa en los patrones y los datos pasados. Este es un tipo de estudio que se adapta a las posiciones y las operaciones a corto plazo.

La importancia de este análisis radica en la utilización a través de él, de muchas herramientas y señales que hacen que el trading sea algo mucho más que automático, estas son las más destacadas.

La función de estas herramientas radican en mostrar puntos donde la cotización de un valor está en el rango del mercado, entre un máximo habitual que es la resistencia y un mínimo habitual que es el soporte. Al momento de romperse cualquiera de estas marcas se puede esperar que el precio se marque y se tenga la posibilidad de actuar.

Entonces, si se realiza un análisis técnico en los valores se verá que se ha superado la resistencia, a lo mejor es momento de abrir un stop loss y take profit.

Algo de la línea de soporte y la resistencia están en el stop loss y el take profit, herramientas que marcan el límite de las operaciones y representa la pérdida máxima que se está dispuesto a soportar.

LA VOLATILIDAD Y LA LIQUIDEZ: FACTORES QUE DEBES DOMINAR

Los mercados financieros tienen un factor constante que se debe considerar, es el riesgo que se corre cuando se invierte el dinero, esto es porque no es seguro que el valor aumente tanto como se espera. Incluso no es seguro que suba siquiera.

El análisis de riesgos en las inversiones tiene que tener en cuenta dos medidas: la liquidez y la volatilidad, la liquidez es la que muestra la capacidad del activo para venderse sin cambiar mucho el precio y con pérdidas mínimas.

Por ejemplo, una vivienda es menos líquida que los bonos o las acciones, es un ejemplo que se percibe claramente, pero no es tan claro cuando se compran acciones o bonos. Se deben usar herramientas de análisis técnicos en estas situaciones.

Por otro lado, la volatilidad informa sobre la variabilidad del costo de un activo en un determinado momento, esto dicho de otra manera cuando se alejan los costos actuales de su medida. Entre más altibajos se tengan más volátil es, rumores, datos, crisis, la volatilidad de los índices bursátiles: VIX para el S&P500, VXN para Nasdaq o VXD para el Dow Jones, por mencionar sólo algunos de una larga lista.

8

TRADING INTRADÍA FOREX: LO QUE DEBES SABER

*E*l trading intradía es rentable, aunque se tiene que aprender a dominar, si apenas se está incursionando en este mundo lo mejor es dedicarle al menos un año para que se hagan las prácticas necesarias para que se pueda dominar mejor y se conozcan las estrategias ideales para poder aplicarlos en el mundo real con más posibilidades de éxito.

DESARROLLA UN BUEN PLAN DE TRADING

Un plan de trading es una herramienta que se utiliza para tener claridad en los objetivos que se quieren conseguir. Es una estructura o un conjunto de directrices que sirven para definir las operaciones, puede ser una herramienta útil para ayudar a centrarse en la planificación y ejecución de la estrategia.

No hay un modelo único para un plan de trading, cada inversor es singular y cuenta con un plan y estilo. Pero hay elementos que se tienen que hacer y son universales al momento de hacer un plan.

Se puede pensar en el plan de trading como si fuera un itinerario, es la hoja de ruta que le lleva donde está ahora y al lugar donde quiere llegar. Hay que tener una idea clara y realista de ambos lugares en la mente.

Hay que preguntarse esto:

- ¿Qué tipo de trader es?
- ¿Qué formación y experiencia tiene?
- ¿Qué capital tiene para operar?
- ¿A dónde se quiere llegar?
- ¿Qué busca lograr con la operativa?
- ¿Qué horizonte temporal plantea?
- ¿Qué sería un éxito para la operativa?

Al momento de iniciar un proyecto, el plan de negocio no se puede operar sin un plan de trading.

Estas son las normas generales para un plan de trading:

No hay una única manera de elaborar el plan, pero ciertas normas se tienen que encaminar para hacer la inversión con éxito.

- Ponerlo por escrito, hay que teclear las razones que se tienen para operar y los objetivos que se quieren alcanzar, esto ayudará a que se organicen los pensamientos y se le dé solidez al plan.
- Hay que registrar los progresos, con un método que sea claro, allí se ponen las operaciones, es clave que al momento de hacer el plan se ponga una estrategia a largo plazo.
- Hay que ser capaz de ver las operaciones pasadas y presentes, todo con la mirada de aprendizaje pero también con un seguimiento de los mercados a los que se está expuesto.
- Hay que controlar las finanzas, la gestión monetaria es clave para cualquier plan de operaciones, se tiene que hacer un plan para gestionar las inversiones, especialmente en la exposición al riesgo.

Luego que se practica y entiende de qué va esto de Forex, se puede aventurar en el trading intradía, pero un gran consejo sobre el trading intradía es que se prepare el plan y se le haga seguimiento.

Hay que recordar las temporalidades cortas, los errores pueden ser costosos e imperdonables, por este motivo es clave que se cuente con un mapa que permita navegar exitosamente por el ambiente de Forex.

El Day Trading es rápido, es posible que se experimente estrés y tensión, son factores que operan con base en las emociones y se pueden cometer errores, estas circunstancias hacen planes de trading que son realmente necesarios.

NO MANTENGAS OPERACIONES PERDEDORAS DURANTE MUCHO TIEMPO

En el Day Trading cada pip es de mucho valor, es por eso que no se puede dar el lujo de mantener abierta una posición perdedora por mucho tiempo, esto causaría un impacto en las utilidades que sería malísimo.

Para evitar estos contratiempos se deben respetar las

reglas de salida del mercado establecidas por el mismo plan de trading.

ESTABLECE SIEMPRE STOP LOSS A TUS OPERACIONES

Los stop loss son órdenes que cierran operaciones perdedoras en un nivel predeterminado y tienen la función de controlar con antelación la cantidad de capital que se arriesga en cada posición.

Los traders por lo general arriesgan un 1% o máximo un 2% de su capital en cada operación que hacen.

Hay dos tipos de stop loss, los reales que se dan en la plataforma de trading y los mentales, que los fija el operador, los stop loss reales son un nivel fijo de precio que cierra una posición perdedora de manera automática, mientras que los stop loss mentales dependen de los sentidos del que lo opera.

Ambas son importantes en el stop loss, así que se tienen que tener en el plan de trading.

NO OPERES ALREDEDOR DE LAS NOTICIAS

Las noticias, los discursos que dan personalidades e incluso los eventos pueden generar inestabilidades por temporadas en Forex. Por esto no es una idea viable hacer trading intradía cuando se dan eventos que pueden alterar notablemente la volatilidad y la liquidez de las divisas, la mejor estrategia intradía en Forex no está exenta de peligro.

En estos anuncios de noticias pueden darse varios fenómenos:

- Falta de liquidez, en ocasiones hay eventos claves que restan liquidez al mercado, esto puede dar brechas de costos y falta de ejecución de órdenes.
- Altos niveles de volatilidad: a pesar de que esto es favorable en muchos casos, alrededor de las noticias puede ser un factor negativo, esta fluctuación de costos puede ser severa y resulta imposible encontrar una tendencia.

9

TÉCNICAS PARA TRADING INTRADÍA FOREX

SCALPING

*E*l scalping es una técnica de trading que se basa en la compra y venta de productos financieros en poco tiempo. El scalping se contenta en conseguir pips en el mercado.

Este se realiza por lo general sobre derivados y con efectos de apalancamiento significativos. El retorno de inversión en cada posición es comparación con el riesgo que se asume, pero la ventaja va en el número de posiciones positivas.

Por ejemplo un Scalper DAX30, es alguien que hace scalping en el mercado de valores, las ganancias que se logran son pequeñas debido al movimiento pequeño que se busca. El scalping multiplica el número de operaciones y usa el apalancamiento sobre el trader de swing, cuando se opera a corto plazo se busca explotar las fluctuaciones más pequeñas en el mercado de trading.

Está también la forma más rápida de operar luego del trading de alta frecuencia, entre otras técnicas de trading, la técnica de scalping es única y accesible para el trader pequeño, ya que el de alta frecuencia exige un equipo profesional y caro y conectarse a internet con una conexión bien rápida.

Los scalping no siguen reglas habituales de administración de dinero, como la regla de negociación del 2% de riesgo de capital por operación.

Una vez que se empieza a ganar experiencia en el trading de divisas, se comprende el papel y la importancia que tiene esta estrategia en el éxito de trading.

Tener buenas estrategias es elemental, hay varias buenas y se pueden poner en marcha.

El scalping es un estilo de trading donde se invierten muchas sumas y por periodos cortos de tiempo, minutos e incluso segundos. El método de scalping lo usan aquellos que desean convertirse en un trader con estrategias a corto plazo.

Es más, el trading de divisas a corto plazo es una manera de negociación algorítmica. La ganancia promedio en el trading a corto plazo es alrededor de 5 pips máximo, invertir en el mercado de valores se hace a menudo con un fuerte apalancamiento para especular en los mercados de divisas y obtener una rentabilidad mayor.

Las estrategias de trading de especulación son populares entre los traders con más experiencia porque ayudan a limitar la exposición del mercado a lo largo del tiempo, mientras que se toma un riesgo limitado.

Hay quienes hacen scalping sobre el tipo de cambio y tratan de beneficiarse de pequeños movimientos en los pares de Forex y han elegido este tipo de comercio debido a que hay muchas más oportunidades a corto plazo.

TRADING INVERSO

Esta es una de las estrategias más difíciles de aplicar, aquí se implementa un concepto que es un tabú en la comunidad de trading, ir en contra de la tendencia.

El trading inverso es conocido como trading pull back, se caracteriza por movimientos que van en contra de la tendencia, para poderla usar se debe predecir la magnitud de los retrocesos de los costos. Con la finalidad de aplicar el trading inverso correctamente, se debe tener la virtud de la paciencia y un conocimiento profundo del mercado de divisas.

La conocida estrategia de puntos pivote al día puede considerarse como trading inverso, ya que aprovecha los retrocesos altos y bajos del día para generar ganancias.

TRADING DE MOMENTUM

Esta es una estrategia de Forex intradía sencilla que es ideal para operadores que apenas llegan al mercado. Es un método que aplica una perspectiva contraría al trading inverso. Para poder aplicar correctamente esta estrategia de trading de momentum se deben buscar los dos elementos mencionados antes, la volatilidad y la liquidez para operar en la dirección de la tendencia.

Si se quiere aplicar este enfoque se debe esperar pacientemente a que el mercado muestre las señales de entrada, posteriormente se tiene que tener la resistencia mental suficiente para mantener la posición abierta hasta que se dé una señal de salida.

Cada uno de los enfoques tiene sus ventajas y desventajas, por lo que resulta complejo definir cuál es la mejor estrategia personal de Forex intradía.

Igualmente es importante mencionar que a pesar de que el Day Trading se presenta como la gran oportunidad de ganar dinero, también es un método con complejidad, pero sí se tiene la paciencia y persistencia suficiente se podrá alcanzar el objetivo que se trace.

CONCLUSIÓN

*P*ara finalizar este trabajo sobre Day Trading, nadie debería llevar a cabo ningún tipo de inversión sin saber lo necesario; en el caso del trading mucho menos.

Pero este tipo de operaciones si se llevan bien puede ser una estrategia que consideren inversores más arriesgados y de perfil claramente especulativo.

El trading financiero consiste en la compra y venta de un activo a corto plazo, incluso que se hacen en el mismo día, se intentan aprovechar las diferencias pequeñas en los precios, asumiendo riesgos altos para lograr la mejor rentabilidad.

Dentro del trading hay operaciones que se abren y

cierran en el mismo día, están las que duran meses, y está el scalping que dura poquísimo tiempo.

Independientemente de la estrategia que se elija, elementos como el factor de riesgo, tener la preparación ideal, contar con un sistema claro, son temas que se tienen que considerar antes de lanzarse a este tipo de trabajo.

Estos son algunos consejos a considerar a la hora de llevar a cabo las inversiones:

LAS OPERACIONES SON UN NEGOCIO

Así como cualquier otro esfuerzo generador de ingresos, el trading tiene que ser visto como un negocio, como resultado debe intentar desarrollar un plan de negocios que comprenda los riesgos. Hay que escoger las herramientas y contar con la formación continua por parte del inversor.

NO DEJAR DECISIONES A LA SUERTE

Hay muchas filosofías y estrategias lucrativas de trading que se pueden aplicar. La clave del éxito reside en la capacidad para decidir la estrategia que se va a adaptar mejor a las necesidades. Si no se

puede empezar temprano mejor es no hacerlo
ese día.

ACEPTAR QUE A VECES SE PIERDE DINERO

En trading y en todo tipo de activos todo el mundo
pierde dinero, esto es una eventualidad que se debe
esperar, nadie tiene una puntuación perfecta y no
hay un sistema mágico, de modo que hay que protegerse de pérdidas, esto es algo que es elemental, pasa
y hay que aceptar su presencia.

Hasta los mejores han perdido dinero en el trading
de divisas.

LOS MERCADOS SE MUEVEN CUANDO QUIEREN

Hay algo que todos tienen en común cuando se trata
de hacer trading, nadie sabe realmente a dónde va el
mercado, independientemente del estatus y la experiencia. Cada comerciante está sujeto a las mismas
oscilaciones salvajes, variaciones impredecibles y
vueltas inexplicables en los costos de mercado.

COMENZAR PROBANDO

Gracias a la accesibilidad de la tecnología actual, esto es sencillo, se puede configurar una cuenta demo y empezar a hacer negocios de valores, divisas, índices y materias primas sin riesgos financieros. Es un modo de acostumbrarse al programa y desarrollar estrategias y seguridad para actuar.

MANTENER LA ESTRATEGIA

Cuando se inicia en el trading es fácil tener miedo o actuar impulsivo, el truco es apegarse a la estrategia definida de trading, esto es crucial para el éxito, también se tienen que alejar las emociones, es una manera de mantenerse objetivo ante los movimientos del mercado.

MANTENERSE ACTUALIZADO

Es importante consumir periódicamente informes de noticias financieras para que se entienda qué podría mover los mercado en el día a día, luego de una jornada de negociación, hay que tomar algún tiempo para mirar hacia atrás sobre los procesos, con el objetivo de ver lo sucedido en ese día. Revisar si las estrategias fueron o no rentables, ver si hubo pérdidas o no, si se dio un paso errado en la plataforma, hay que analizar todo.

ANALIZAR LOS ERRORES

Nadie tiene la verdad absoluta. Cuando lleguen los errores es importante saber por qué sucedió, asimismo cuando se tenga un beneficio toca evaluar todo lo que hizo que ese beneficio llegara.

Hay que tomar un tiempo para analizar el por qué todo salió bien, conocer el por qué ha mantenido esa posición en el tiempo, se tiene que desarrollar un ojo crítico para las decisiones, el saberlo ayudará a mantener un buen lugar por más tiempo.

LOS MERCADOS CAMBIAN Y EL OPERADOR CAMBIA

El inversor reciente nunca comprenderá totalmente la naturaleza del mercado, ya que se mantiene constantemente en evolución y no se repetirá, por tanto si bien es cierto que nunca debe cambiar su estrategia puramente porque se pierde dinero, es clave entender cómo y cuándo debe adaptar el estilo de negociación a medida que se transforma el mercado.

NO SE DEBE ESPERAR SOLO LO MEJOR

La esperanza y la suerte nunca deben formar la base de las decisiones para el proceso de trading. Cuando se va por una dirección errada de mercado, se tiene que aplicar la filosofía de negociación en posición perdedora y decidir el próximo movimiento en consecuencia.

VER DÓNDE ESTÁ EL LÍMITE

Finalmente, la orden stop loss permite que se salga de una posición perdedora una vez que el precio actual rompe el nivel en el que lo ha establecido, limita las órdenes y se establece el precio al cual se está dispuesto a tomar una ganancia, a cerrar una operación. Limitar la orden es útil, porque puede minimizar el riesgo de oscilaciones en el costo del mercado.

MAESTRÍA EN OPCIONES DE MERCADO BURSATIL - LA GUÍA COMPLETA PARA EL 2020

DESCUBRE LAS ESTRATEGIAS SECRETAS DE INVERSIÓN PARA INVERTIR EN ACCIONES, FUTUROS Y FOREX. CREAR INGRESOS PASIVOS EN LÍNEA A TRAVÉS DEL COMERCIO DIARIO, INCLUSO EN UN COLAPSO DEL MERCADO - PARA COMERCIANTES INTERMEDIOS Y AVANZADOS

INTRODUCCIÓN

Cada vez son más las personas que tienen el deseo y hasta cierto punto la determinación de encontrar caminos alternos al mundo laboral, y ante esta realidad surge otra más evidente aun, y es el hecho de que la mayoría de esas personas que quieren liberarse de su estructura laboral tradicional, o bien aquellos que desean encontrar métodos distintos para generar un ingreso extra que les ayude a compensar sus ganancias brutas mensuales están volteando la mirada hacia internet.

Ante esta realidad hay ciertos nichos que han venido en auge, sobre todo por la mudanza que algunas profesiones han hecho del plano normal al plano web; de lo que hablo un vivo ejemplo es sin duda el mundo del mercado financiero global.

Una de las características fundamentales y maravillosas que puede haber surgido como consecuencia de la mudanza de la que hablamos es que esto ha abierto la posibilidad de ingresar al mundo del trading a casi cualquier persona, para ello solo requeriría una computadora y una buena conexión web.

Ahora bien el mundo del trading podría ser si se quiere mal entendido por los menos expertos, aquellos que como opción solo se toparon con esta opción y consideraron que podría ser la opción que estaba buscando, y eso está bien, en todo caso lo que podría resultar peligroso de todo esto podría ser una muy baja información con aspectos claros sobre lo que en realidad es y no es el trading.

En torno a eso me gustaría tomar un momento para despejar algunas duda en ese sentido, pero básicamente por el momento, lo que no es trading; no se trata de un juego virtual con el cual puedas divertirte y hacer algo de dinero, tampoco se trata de un medio que te podría brindar unos dineritos extras dedicando muy poco tiempo al día, sobre esto último, sabemos que es una verdad a medias, porque en realidad y según como lo veremos en este estudio más adelante, si, existen métodos sistematizados a través de los cuales podrías trabajar el trading sin mucho esfuerzo, pero es preciso señalar que estos métodos no son algo fortuito, sino que te serán efectivos a la medida de que tu conocimiento puedas aplicarlo en él para obtener lo que deseas.

Dicho eso solo trato de aclarar que el trading es un verdadero negocio, con todas las letras y los acentos necesarios, es la posibilidad de desarrollar un negocio virtual a la altura de las grande bolsas de valores y con los que, basado en una buena preparación y dedicación, podrías incluso alcanzar a tener grandes fortunas.

Ahora, corresponde aclarar algo más, existen varios tipos de trading entre los que podemos mencionar:

- Trading de opciones.
- Trading direccional.
- Trading a contra tendencia.
- Swing trading.
- Day trading.

Cada uno de estos modelos de trading poseen sus propias particularidades, algunos beneficios y desde luego sus desventajas particulares, pero por otro lado el uso de cada uno de estos modelos de trading también dependerán desde luego de ciertas características del trader (quien ejerce la acción del trading).

Cada modelo se ajusta a cada caso particular, por ejemplo hay modelos para grandes inversiones, medias o bajas, hay algunos modelos inclusos ajustados a ciertos contextos particulares como legislación de algunos países, etc.

En esta oportunidad vamos a hablarte de trading de opciones, una modalidad que resulta altamente positiva y útil sobre todo para aquellos casos en los que no se posea una gran experiencia, por su practicidad por sus oportunidades y sobre todo por el tema de la accesibilidad se hace una sección del trading altamente recomendable para ti.

Dentro del mismo trading de opciones encontraras una serie de "opciones" que diversifican entonces la forma de ingresar en el mundo del mercado financiero a través de esta estructura de negocio, "opción Put, opción Call, las opciones de acciones y otras, te las vas a encontrar en este apartado que servirán de herramienta para que definitivamente puedas ingresar en este maravilloso mundo y no mueras en el intento.

Úsalo a manera de guía y apunta cada uno de los consejos que de forma sencilla se ha tratado de transmitirte con la única intención de tomarte de la mano y llevarte de manera eficaz a conocer todo lo que necesitas saber sobre el trading de opciones.

TRADING DE OPCIONES: ASPECTOS BÁSICOS

*E*n primer lugar vamos a evaluar los aspectos básicos sobre esto, lo primer que debemos determinar en este momento es ¿Qué es trading?, el trading fundamentalmente consiste en la compra dentro de los mercados financieros del mundo de activos para una posterior venta, desde luego con la intención de obtener ganancias financieras a plazos cortos, podríamos hablar de días, o incluso horas.

Hoy en día muchas personas con el deseo de poder liberarse de las estructuras laborales tradicional buscan diferentes opciones de crear ingresos a través de la web, y una de las áreas hacia las que van enfocando su mirada es particularmente esta, es que a muchos les parece realmente atractivo un área que para otros puede resultar una pesadilla.

Sin embargo aventurarse dentro del mundo del trading no se trata de una decisión en si misma sencilla, para poder ingresar en el mundo del trading se necesita indudablemente buena preparación.

Básicamente y gracias al internet, el trading es algo que puede hacer alguien que básicamente tenga una computadora con acceso a internet, sin embargo como ya hemos dicho antes es importante tener una buena argumentación para poder tener el éxito en esta carrera.

De las formas variadas que existen para hacer efectivamente el trading vamos a evaluar lo respectivo específicamente al trading de opciones.

Cuando hablamos de trading de opciones nos referimos a una modalidad de contrato en la que un comprador (trader) tiene la oportunidad de adquirir el derecho sobre un activo, pero no necesariamente la obligación de comprar o vender dicho activo, el valor de la compra de dicho derecho está fijado en un costo, con la característica que tendrá un tiempo estipulado para poder ejercer una acción sobre ese derecho, de lo contrario al expirar este tiempo el derecho quedara sin ningún efecto.

Definición de las opciones

No existe otra más sencilla que decir que una opción es un derivado financiero, se trata de una especie de contrato con fines legales que permite o da el absoluto derecho de realizar una venta o una compra de un activo en un tempo determinado, (este tiempo se conoce como "fecha de ejercicio") en el caso del vendedor su deber será cumplir a cabalidad con los términos de la transacción, es decir se trata de vender o comprar en el caso en el que el comprador decida "ejercer" dicha opción en una fecha previa al cumplimiento de la fecha de vencimiento.

2

RAZONES PARA HACER TRADING DE OPCIONES

*Y*a hemos mencionado de manera quizás muy breve la definición más básica que podemos realizar acerca de lo que realmente es el trading de opciones, por ahora vamos a ver de forma más detallada varias de las razones objetivas que hacen que este mecanismo de trading sea tan altamente recomendable.

Estrategia de bajo costo

Como habíamos mencionado antes, esta es una de las características que la convierten en algo realmente productivo, y eso es definitivamente su carácter económico, ya que dentro del contrato de opciones puedes adquirir el beneficio de la contratación solo por una "prima" del valor real del activo, o una cuota muy baja solicitada por el otorgante, y recibes el derecho pleno de decidir en los tiempos estipulados del contrato sobre el destino del mismo

Diversidad

Como hemos visto, dado que los costos resultan mucho más económicos que adquirir todo un stock real, entonces puedes sacar mayor provecho al poder beneficiarte de una gran cantidad de oportunidades para invertir, de esa manera llevaras tú capital a otro nivel, y aumentaras así sin duda alguna el enorme potencial para tus ganancias.

Mayores beneficios

Existe una oportunidad enorme de sacar un gran beneficio en muy poco tiempo con este modelo de inversión, ya que si cambia la acción sacarás mayor beneficio con una opción, veamos un breve ejemplo: asumamos la idea que una acción tiene un incremento de 25 dólares y se posiciona en 50 dólares, esto se traduce entonces que obtendrías una ganancia neta del 100%.

Las opciones pueden tener éxito donde otros sectores fallan

Al momento que otros sectores dentro del mercado

financiero pueden presentar fallas estructurales, las opciones se mantienen intactas cosechando los mismos éxitos, esto se debe fundamentalmente a que no es del todo necesario ejercer tu opción para así obtener beneficio de ello, de hecho, la misma volatilidad en si misma podría sin duda alguna resultarte rentable

3

CONSEJOS PARA HACER TRADING DE OPCIONES

*E*n primer lugar vamos a evaluar una serie de pasos a manera de consejos que quiero mencionar para que tomes muy en cuenta a la hora de hacer trading de opciones.

Crea tu cuenta en un bróker

Se hace completamente preciso que lo primero que consideremos en este paso es poder aclarar que es un bróker, esto es la plataforma por medio del cual podrás realizar todas tus operaciones, son, dicho de alguna manera, el intermediario entre un comprador y un vendedor.

Inicialmente un inversor podría tener acceso a los mercados financieros únicamente a través de entidades bancarias importantes o en su defecto por medio de las llamadas sociedades de valores, sin embargo gracias a esta maravillosa herramienta como lo es internet se desarrollaron métodos muy útiles a través de la web con este objetivo.

Uno de los beneficios más importantes que se pueda obtener de estos bróker on line es la maravillosa posibilidad de que cualquiera, o casi cualquier persona con simplemente tener una computadora de rendimiento mediano y acceso a internet puede ingresar y formar parte del mercado financiero haciendo inversiones en el mercado de cualquier lugar del mundo sin ningún tipo de desventajas, es decir a condición de iguales.

Encontrar bróker en los cuales poder crear tu cuenta, habrán en cantidades, sobran las plataformas que pueden ofrecerte la posibilidad de ingresar en este mundo de la inversión en bolsa, sin embargo lo que realmente resulta complicado es encontrar una plataforma que cumpla tus expectativas y cubra tus necesidades personales, de manera que para elegir la opción adecuada a tus necesidades deberás considerar los siguientes factores:

1. *El factor costo:* lo primero que debes evaluar es las comisiones ofrecidas por los diferentes

bróker, es posible que te encuentres con algunos bróker con ofertas de comisiones incluso de comisión cero en el caso de las opciones de trading, asegúrate entonces que el formato de tarifas resulte lo más sencilla posible, y que no haya costos escondidos, debes tener la completa garantía de hacerte de diferenciales que sean altamente competitivos.

2. *¿Qué tipo de cuenta quieres?:* asegúrate plenamente si estas interesado en acceder a opciones de transacciones por días, en cuenta de efectivos, o en su defecto preferirías una cuenta de margen, la diferencia estaría que con una cuenta de efectivos únicamente tendrás la posibilidad de negociar solo el capital real con el que cuentas, mientras que una cuenta de margen te brinda la posibilidad de solicitar capital prestado al bróker para crear la suma capital para las operaciones que vayas a realizar.

3. *Enfócate en la plataforma:* considera que será allí donde pasaras una alta cantidad de tiempo, de manera que debes asegurarte de escoger una plataforma que te ofrezca absolutamente todos los gráficos pero sobre

todo las herramientas técnicas que harían efectiva una operación exitosa.

Además de esto debes pensar en algo, si eres de las personas que necesitan por diversas razones mantenerse en constante movimiento debes asegurarte de buscar algunas aplicaciones que puedan resultar muy útil para los teléfonos móviles o tablets.

Planifica tu estrategia

Una vez hayas llevado a cabo absolutamente el paso inicial, estás listo para empezar a desarrollar tu estrategia de trabajo que resulte completamente eficaz a través de dicho bróker, debes considerar y tener en cuenta que estas estrategias de las que estamos hablando que llevaras a cabo para el trading de opciones diarias, son en realidad muchas y completamente diversas, algunas podrían resultarte muy sencillas pero otras podrían ser realmente algo complicadas. Vamos a ver algunos ejemplos de esto, pero antes hay dos elementos de vital importancia que quisiera mencionar.

Gráficos y patrones

Lo más probable es que hagas uso de gráficos al igual que patrones a través de los cuales podrás predecir el futuro de los movimientos de precios, la hipótesis sobre esto es muy sencilla, "la historia es repetitiva", esta afirmación es la más aceptada por muchos trader que se han hecho millonarios a través de este método y basados en esa idea se llevan a cabo mucho de los pronósticos de comportamiento del mercado.

De manera entonces que requerirás de gráficos que tengan la capacidad de mostrar los mejores indicadores para las opciones de trading sin embargo estas podrían variar entre una y otra estrategia, pero veamos que incluyen estas gráficas.

- Lo primero debe ser los indicadores de la relación put – cat
- Además de esto los índices del flujo de dinero
- Otro detalle importante seria los intereses abiertos
- El índice de fuerza relativa
- Y por último las bandas de bollinger

Si existe un consejo que podría ser definitivamente útil para realizar trading de acciones, indudablemente será el tema educación, hoy por hoy encontramos cientos de personas que alegan ser los estrategas y superdotados en el área, y ofrecen métodos y formulas casi mágicas para que sin ningún tipo de preparación previa te aventures a confiar en sus métodos.

La manera más sensata de que puedas ingresar en el mundo del trading en cualquiera de sus vertientes incluyendo el trading de opciones es sin duda alguna la educación, maneras para hacerlo existen en cantidades.

El factor tiempo

Considerar el tiempo de ingreso al igual que el momento en el que abandonas la operación es completamente determinante, pero además de esto también la planificación para el siguiente día de trading, las estrategias de opciones que resultan realmente funcional tienen detrás de ellos un trader que siempre está listo para comenzar.

Consejos puntuales para el trading de opciones

Habiendo dicho todo esto, ahora veamos los consejos puntuales para que el ingresar en el universo del trading de opciones no represente un peligro para ti, sino en realidad una de las mejores oportunidades de ingresar en el mercado financiero y sacar el mayor provecho de tu dinero a través de inversiones inteligentes

- *Vuelve a los libros:* una de las maneras definitivamente de acceder a la información y poder de manera autodidacta prepararte con éxito en la carrera de los mercados financieros es volver a los libros, existen numerosos tomos y tratados sobre este tema, pero no solo los que encuentras en una biblioteca, a través de la red podrás encontrar un sinfín de material con información muy atractiva, audio libros en cantidades listos para enseñarte a muy bajo costo.

- *Cursos:* pues desde luego que no hay nada mejor que encontrarte en un aula con un monitor que pueda llevarte de la mano en tu proceso de formación para que así cuentes con una asistencia inmediata ante las dudas y posibles errores.

- *Salas de chat:* sin embargo si eres de los que les gustaría estar en un aula pero se te podría dificultar, es comprensible, motivos como el tiempo, carencias de cursos en tu localidad, o cualquier otro factor, cuentas con una opción maravillosa que serían las salas chat, en sus diferentes versiones, podría tratarse video chat o asistencia a través del chat tradicional.

- *Tutoriales en video:* se dice que en la actualidad quien no estudia o quien no se dedica al aprendizaje es definitivamente por que no quiere, tenemos plataformas completamente gratis por medio de la que podemos encontrar todo tipo de cursos y talleres a manera de tutoriales entre otros, acceder a la plataforma de YouTube es un excelente medio por el que puedes encontrar mucho material al respecto.

- *Formatos pdf:* es lo maravilloso del mundo web, la multiplicidad de formatos con los que podemos encontrar números de información, en este caso podrás encontrar cursos fantásticos en formato pdf algunas plataformas incluso podrían ofrecértelas en Word que para los amantes de la lectura y autodidactas resultara altamente beneficioso como por ejemplo "las opciones de trading diarias de Tom Demark" en pdf

- *Participación en foros:* esta opción es una oportunidad a la que le sacaras mucho provecho pero muy depende de tu destreza y capacidad de búsqueda, se trata de participar en foros de valor en las distintas plataformas, y además formas variadas en que puedes encontrarlas.

Por ejemplo al ingresar a un blog en el cual se expongan valores en dirección a lo que es el trading de opciones encontrarás opciones de participar en los foros de dichos blogs, lo interesante de todo esto es que una de las ventajas cuando lo realizas directamente por medio de esta plataforma muy probablemente tengas una conexión directa con el experto que sería el que modere dicho blog.

Sin embargo no es el único método, existen más aun, por ejemplo foros que se activan de manera espontánea a través de los videos en plataformas como youtube, los que surgen en medios como las redes sociales, incluso podrías proponer dichos foros por medio de las redes sociales, y muchas maneras más solo consta en estar pendiente y sacar partido de ello.

- **Blogs**: como lo mencionamos antes, por lo general aquellos que son expertos en la materia utilizan herramientas como los blogs para para exponer de distintas maneras y con fines diversos todo su conocimiento, la recomendación sería estar en búsqueda de los mejores exponentes de estos temas y convertirte en un visitador continuo de su sitio web.

- *Podcast:* esta es una plataforma que cada vez va en mayor auge, muchos son las personas que deciden llevar a cabo sus proyectos por medios como este, por lo tanto se convierte en una excelente herramienta donde encontraras cientos de post que pueden abrir tus ojos al conocimiento del trading de opciones.

- *Resultado de imagen para trading books:* el mundo del trading está repleto de graficas e imágenes que son de alguna manera indicadores de factores diversos relacionados con el comportamiento del mercado financiero, por ello se hace completamente importante y además necesario que aprendas lo más que puedas respecto a las correctas interpretaciones de los resultados de estas imágenes.

Cuentas demos

Esta estrategia resulta altamente efectiva para adquirir cierto nivel de experiencia dentro de lo que es el mundo del trading, desde luego salvando las enormes distancias que podría representar una cuenta demo con la realidad, podría servir para por lo menos ir familiarizándote con este tipo de plataformas, con esta herramientas puedes aprender asuntos como la manera de invertir sin ningún problema, pues no pones en riesgo tu dinero ya que manejas solo un saldo virtual no real.

Lo importante es entender que una cuenta demo no se está tratando de ninguna manera de algún tipo de juego, tienes información sobre procesos reales dentro del mercado de inversiones y tu interacción con el demo podría hacerse basado sobre situaciones reales a fin de ir conociendo cuales son las maneras de manejarse dentro del comportamiento del mercado, pero insisto sin poner en riesgo tu dinero.

De manera que para que puedas sacar el mejor provecho de ellas debes considera algunos consejos de mucha importancia.

- *Metete en el papel:* no observes la plataforma demo como algo irreal, sino que comienza a trabajar sobre ella con toda la seriedad que ameritaría en los casos que fuese real, es decir tómatelo en serio, vívelo de verdad, solo así podrás lograr desarrollar un comportamiento adecuado que te será muy útil a la hora de estar frente a la plataforma real.

Debes sacar de tu mente por completo que se trata de dinero virtual y considera tener el control sobre él como lo tendrías con tu dinero real, de manera que debes actuar con la misma disciplina que lo harías con tu dinero, pues pese a que si pierdes el dinero virtual que te ofrece una cuenta demo no te descapitalizas realmente en términos financieros, si lo harías indudablemente en asuntos de tiempo y aprendizaje.

- *Considera con sinceridad el tamaño de tu cuenta:* muchos de los bróker en línea te ofrecen un saldo fijo por defecto al abrir tu cuenta, esto está bien pues se trata es de empezar a jugar con el dinero en términos de inversiones, sin embargo no hay nada mejor que convertirlo en lo más realista posible, sin embargo hay plataformas que te permiten elegir el saldo con el cual iniciaras tu trabajo virtual.

Lo más recomendable siempre seria que consideres la idea de elegir un saldo lo más ajustado a la capacidad real que tendrías para invertir, así le darías mayor valor realista a tu entrenamiento

- *No te apresures:* muchos caminan de manera muy precipitada y creen que apenas con un par de días ya son expertos, y en seguida deciden pasarse a una cuenta real, no lo hagas, por ninguna razón, repetiré, no lo hagas, es muy importante que tengan la mayor cantidad de práctica posible para que al fin manejen con mucha fluidez el demo.

Debes lograr que tu sistema de trading demo sea tan sustentable como sostenible a lo largo del tiempo, si esto no logras realizarlo en una cuenta demo, ¡créeme! No será más fácil en una cuenta real, donde está tu dinero en riesgo de perderse.

Conocer las reglas y restricciones

Es absolutamente necesario y por demás importante conocer cuáles son las reglas que el trading de opciones pueda tener en tu lugar de origen, además de las posibles restricciones, de esta manera aseguraras que tu futura inversión no corra con riesgos de incurrir en errores de legalidad y esto luego pueda traducirse en un riesgo para tu capital.

Para darte un ejemplo más amplio, hay países en los que podrás encontrar reglas que son estipuladas por la autoridad reguladora de la industria financiera "FINRA" (por sus siglas en inglés) sobre el trading de opciones, estas indican por ejemplo que si vas a realizar un número superior a cuatro operaciones durante el lapso de cinco días hábiles deberás contar con un capital de al menos 25000 dólares en tu cuenta.

Indaga sobre lo referente a impuesto en tu país

Los ingresos que se puedan percibir en cada país podrían tener su propia formulación legal, de manera que se hace realmente importante que te pongas al día como funciona esto en tu lugar de origen, es decir, como percibe el sistema tributario de tu país las entradas que podrías obtener por conceptos como la práctica del trading de opciones, de manera que puedas estar completamente al día con tus asuntos tributarios de lo contrario podrías acarrear consecuencias duras.

¿Qué dice la ley vigente de tu país respecto al ingreso por estas vías?, debes saber si es percibido como ingresos personales, o quizás podrían asumirlo como ganancias de negocio, y si es así saber si se considera o no especulativo.

Nada es poco importante en este negocio, y menos cuando se trata de dinero y tributos exigidos por el estado, de manera que debes tener la más amplia información al respecto, lo recomendable siempre será que te pongas en manos de expertos en asuntos tributarios de manera que puedan brindarte toda la orientación necesaria sobre estos asuntos.

Hablemos de software automatizados

Alguien dijo en una oportunidad, *"todo lo que hagas siempre habrá una mejor manera de hacerlo"*, esto además de realidad, es una realidad que se cumple cabalmente en el mundo del trading de opciones; hacer usos de software que te peritan automatizar todo el proceso será una gran ventaja pues te brindara la oportunidad de hacer más operaciones de las que en realidad podrías llevar a cabo de forma manual.

Sin embargo debes ser consciente que para hacer uso de estas debes primero a través del trabajo incesante y la experiencia que adquirirás en este proceso, haber desarrollado algunas estrategias efectivas que luego serán las que aplicaras para programar sus criterios, de manera que un algoritmo será el encargado de realizar las operaciones tal cual como si se tratara de tu trabajo manual pero de manera automatizada.

La realidad es que la mayoría de las operaciones que se llevan a cabo a través de las plataformas virtuales de trading son hechas de forma automatizadas, para ello vamos a ver cuál es la manera en que funcionan estas plataforma y como pueden ayudarte a llevar a cabo grandes operaciones de manera muy confiables.

- Lo primero que hace es realizar un profundo análisis de la tabla de precios
- De igual forma elabora un estudio para determinar la tendencia del mercado en el momento del análisis.
- De manera automática determina algunas señales
- Efectúa automáticamente operaciones de divisas en pares, las cuales cuentan con un alto potencial de obtener ganancias

Prepara tu estrategia de gestión de riesgos

Ya lo hemos dicho antes y aquí lo traemos de nuevo porque es de vital importancia, todo tiene riesgos, todo lo que emprendas implica un nivel de "peligro" en este caso para tu dinero, lo que implica tus finanzas, por ello debes prepárate en el tema de gestión de riesgos.

Podríamos usar de ejemplo una de las principales De acuerdo a muchos expertos en la materia nunca es bueno arriesgar más del 1% en una sola acción que realices, de manera que si en tu cuentas posees un saldo de 20000 dólares, lo máximos que vas entonces a invertir serán 200 dólares, y solo será cuando esta inversión se convierta en resultados positivos que consideraras aumentar el nivel de operación a un 2% o un máximo de 5%.

No importa si se trata de operaciones que se lleven a cabo a diario o de opciones semanales, lo que es verdaderamente importante es que se tenga una estrategia efectiva de gestión de riesgos, esto es lo que te ayudara a reducir tus perdidas a su mínima expresión.

4

TIPOS DE OPCIONES EN EL
TRADING DE OPCIONES

*L*a lista de las "opciones" de trading de opciones podría resultar verdaderamente amplia y aunque haremos una breve descripción tratando de ser lo más puntuales posible, vamos a empezar por mencionar que existen dos tipos principales de trading de opciones.

Opciones put

Dicho de otra forma las opciones put serían lo mismo que una opción de venta, un ejemplo práctico para entender lo que es una opción de venta o una opción put sería la de definirlo como una especie de "preventa" sin embargo esta posee como característica principal que le da al poseedor el derecho mas no necesariamente la obligación de realizar la venta del activo que posee dentro de ciertos tiempos estipulados por el mismo contrato.

La característica principal que tiene este tipo de acciones es que a realizar la adquisición esta tiene siempre una tendencia hacia la baja, de manera que corresponde esperar que la cotización de dicho activo subyacente se sitúe por debajo del precio que sería en este caso equivalente al precio del ejercicio de la opción, de manera que convenga restar el valor de la prima (ósea el costo inicial de adquisición del contrato) en tiempo que no supere a la fecha estipulada de vencimiento de dicha opción.

Opciones de call

Al sentido inverso del anterior, es la opción que le otorga al comprador la posibilidad de comprar un activo aunque a ciencia cierta no tenga la obligación de realizar dicha compra sobre el activo subyacente por un precio determinado en la fecha que se haya acordado en dicho contrato.

La adquisición de uno o del otro será una opción de acuerdo a la visión estratégica que hayas logrado desarrollar respecto al comportamiento del mercado, es decir las opciones put serán consecuencias del análisis que arroja como conclusión que el valor ira en bajada y cuando realizas la de call es porque lograste un visión completa a la antes mencionada.

Pero además de estas dos opciones que como ya hemos mencionado vendrían a ser las dos principales "opciones del trading de opciones existen una lista aun mayor, vamos a evaluar cada una de ellas a continuación.

- *Opciones de acciones (stocks options):* los stocks option u opción sobre acciones es un derecho que algunas empresas conceden a sus empleados de adquirir acciones de la empresa cuyo derecho solamente será concedido bajo ciertas y determinadas circunstancias específicas, la intención será crear una especie de vinculación entre el ejercicio del trabajo y los resultados de las mismas.

Una de las características de este tipo de negociación es que se da como resultado de una intención por parte de la empresa de remunerar a sus empleados, en realidad por regla casi que sine qua non es una oportunidad que se otorga a los empleados de alto rango, el precio ya estaría previamente acordado que por cierto casi siempre es por debajo de los precios con los que normalmente saldrían al mercado financiero.

Dentro de esta posibilidad se debe considerar algunas de las variables que interfieren en el proceso de adquisición, estas podría radicar en la cantidad de acciones que tendrían derecho a adquirir, el "precio de ejercicio" es decir el precio por el cual le es permitido adquirir dicha acción, y por último el plazo que se le otorga para ejercitar la opción.

- *Opciones de índice:* el concepto de las opciones de índice serian exactamente igual a las opciones por acciones, lo que lo haría variable en todo caso sería que la subyacente para este caso exclusivo sería el índice, de manera que no se hará una entrega de acciones al beneficiario sino que en su lugar debe realizarse una liquidación en efectivo en su fecha de vencimiento y esto justamente porque no existe la posibilidad de compra y venta de acciones.

Existen dos maneras de efectuar las opciones sobre índice o dicho de otra manera dos estilos de ejercerla, que serían el estilo americano y el europeo; en el modelo americano las acciones pueden ser ejercidas en cualquier momento, mientras que en el modelo europeo solo podrán ser ejercidas en el momento de su vencimiento.

- *Mini opciones de índice:* las mini opciones de índice vendrían a ser exactamente igual a las opciones de índices como las mencionadas anteriormente, solo que en este caso se operara bajo un 10% de la totalidad de dicho contrato, esto vendría a representar la oportunidad para que aquellos operadores de opciones que posean un capital estrecho dentro de sus capacidades, puedan también sacar provecho de las negociaciones del mercado más amplio, es un modelo excelente de inclusión para aquellos con menor capacidad de inversión veamos brevemente algunas de las ventajas que otorga este modelo de contrato.
- Son mucho más económicas y accesibles que las opciones sobre índices regulares
- resulta ser una réplica exacta de su mismo índice subyacente
- pone a su disposición una cobertura parcial contra las opciones de índice

lo mencionado anteriormente serían las principales ventajas que se podría encontrar en las operaciones de mini opciones de índice, sin embargo en realidad debemos aclarar que no serían para nada las únicas, es fácil seguir mencionando otras opciones como por ejemplo el hecho de que podrían tener un amplio valor extrínseco lo que sería resultado de una menor liquidez.

- *Opciones sobre futuro:* en esta modalidad de contrato, el comprador tiene la opción de ejercer una acción a futuro sobre la acción, sin embargo igual que algunas de las anteriores esto no implica una obligación de asumir dicha acción, esto, solamente en algún momento que sea antes del vencimiento de la opción.

Por su parte el vendedor de las opciones sobre futuro se verá en la obligación de llevar a adoptar la posición opuesta de futuro cuando el comprador haga uso de este derecho.

5

LAS MEJORES PLATAFORMAS PARA HACER TRADING

Tal y como lo hablamos en capítulos anteriores, es de completa importancia que a la hora de decidir hacer trading se preste mucha atención a cual será la plataforma a la cual le sacaras provecho para llevar a cabo el propósito de ingresar en el mundo del trading, debes recordar que como bien decíamos, existen un numero inmenso de estas plataformas a tu disposición, sin embargo el asunto real consiste en encontrar no cualquier plataforma sino aquella que se adapte a los requerimientos personales que ya puedas tener trazado.

Pero además se requiere una plataforma que posea todas las herramientas necesarias de manera que se pueda optimizar su trabajo, y la experiencia del trading se convierta en una manera satisfactoria de ganar buen dinero a través de este mercado.

Por lo mismo te presentaré algunas de las opciones que si bien en sí misma podría tener algunas ventajas o debilidades, estas plataformas de las que te hablaré a continuación son sin duda alguna las más representativas en este nicho en la actualidad.

X-trade brokers DM

Mejor conocida en el mundo del trading como "XTB" es una plataforma de bróker que comenzó a funcionar a partir del año 2002, esta plataforma con más de quince años en el mercado financiero se ha consolidado como una de las plataformas más recomendadas y con excelentes comentarios por parte de los usuarios que han hecho uso de ella, esta plataforma tiene presencia en más de 14 países y por la amplitud de sus operaciones, es una plataforma reguladas por alguno de los organismos internacionales sobre finanzas más importante.

El XTB es básicamente una plataforma en línea en la que tienes la posibilidad de realizar operaciones financieras muy variadas, con una alta gama de instrumentos financieros, lo que le otorga la virtud de ser una de las favoritas dentro del mercado.

En esta plataforma puedes hacer inversiones por encima de 50 pares de divisas, además de materias primas y desde luego cfd sobre acciones, en tiempos recientes ha ampliado su abanico de oportunidades ofreciendo a sus clientes la posibilidad de comprar acciones y ETFs en modalidad de contado.

Vamos a evaluar brevemente algunas de las características que hacen que esta plataforma sea una de las favoritas dentro del mercado financiero, y por demás recomendada por un alto número de usuarios a nivel mundial.

- *Hablemos de seguridad:* si en algo deben fijarse y prestar especial atención todos aquellos que están en busca de una plataforma que te permita hacer trading de una manera segura, en la que arriesgues lo menos posible tu capital, sin duda es en el tema de la seguridad, prestar atención es importante para determinar que esa plataforma que elijas sea una plataforma segura, ahora bien, ¿cómo podemos determinar que esta plataforma sea o no segura?, veamos.

Principal y fundamentalmente la manera más

sencilla de determinar si una plataforma es segura o no estará fundamentado básicamente en el hecho que cumpla con ciertas regulaciones dentro de la Unión Europea y de igual manera dentro de los Estados Unidos, y que además de esto se apegue fielmente a las normativas de los organismos de regulaciones internacionales más rigurosos.

En lo relacionado entonces con la plataforma X-trade Broker podemos añadir que esta se encuentra avalada por la autoridad de servicios financieros, esta es la que se encarga de regular el funcionamiento dentro de gran Bretaña de las operaciones que llevan a cabo las firmas de corretaje además de las diferentes firmas financieras.

Las tarifas

En términos generales se puede decir que XTB maneja costos de comisiones que no se podría catalogar ni de exageradas o abusivas, en realidad sus comisiones son realmente aceptable, pese a esto es importante aclarar que las diferentes opciones de trading en línea manejan diferentes opciones de tarifas propias y podríamos observarlas de la siguiente manera:

- *Forex:* en el caso de forex el promedio del

diferencial vendría a ser de 0,28 pips, pero todo esto es perfectamente variable de acuerdo a la volatilidad.

- *En cuanto a acciones:* si el deseo es operar en acciones, considera que las comisiones en este caso particular vendrán a ser de 0.08%.

- *Sobre materias primas:* en el particular caso de los commodities o materia prima, los spreads podrían llegar a variar dependiendo siempre del caso particular de cual sea la materia prima de la que estemos hablando, por ejemplo, si se trata del oro podrían estar ubicados de manera constante entre un 0,21 y 0, 26 pips, esto solo a manera de ejemplo, para cada rubro habría un porcentaje distinto dependiendo de su cotización dentro del mercado.

- *Índices:* normalmente aquí las tarifas están ubicadas en un 0.08%, considerando desde luego como una tarifa mínima de operaciones de 8 dólares, mientras que la transacción más baja se ubicaría en 50 dólares.

- *Criptomonedas:* para los casos de las criptomonedas más conocidas como Ripple y Dash, Ethereum, Bitcoin y Litecoin los spreads irán desde 0.014 pips.

Ventajas de la plataforma XTB

Entre las ventajas que podemos enumerar de esta plataforma particular podemos encontrar algunas que pretendo mencionar a continuación, sin embargo es importante recalcar que estas podrían variar de acuerdo al tipo de cuenta en la que te des alta dentro de esta plataforma:

- En primer lugar y para los que estén iniciando en el mundo del trader uno de los beneficios que ofrece esta plataforma es que te ofrece una amplia comunidad de trader de los que sin duda alguna podrías enriquecer tus conocimientos.
- Además de ello cuentas con una escuela de trading método trading.
- Por otro lado de esto cuentas con una modalidad de alerta de trading en bancos de inversión.
- Cuentas también con ejecutivos financieros personalizados que pueden brindarte el apoyo que necesitas sobre todo en el caso de los que están en fase inicial.

- Y además de todo eso te realiza un análisis de cartera y la monitorización de posiciones.

Etoro

Esta plataforma cuya sede principal se encuentra en Chipre fue fundada a mediados del año 2007, esta red es realmente muy interesante, es que es así que cuenta en la actualidad con más de 5.000.000 de usuarios trabajando a través de ella, tiene además presencia en más de 140 países.

La afiliación en esta plataforma es relativamente sencilla por lo que la hace verdaderamente atractiva para muchos, por ejemplo, basta con llenar el formulario que encuentras en su plataforma en línea y depositar el capital que requieres para tus inversiones, nota importante es que el monto mínimo que te exige este bróker es de 200 euros.

Son varias las posibilidades que vas a encontrar con la plataformas de bróker Etoro, que te permitirán trabajar en varias áreas de brading, por ejemplo la plataforma webtrader que inicialmente era conocida como la plataforma a través de las que se gestionaban las carteras de este bróker, la simplicidad de su interfaz no es necesariamente un limitante de la modernidad que esta emplea en su diseño, además que integra variadas herramientas por demás prácticas.

Pero el verdadero trampolín que lanzado esta plataforma bróker al éxito en realidad ha sido la "Openbook" esta hizo su aparición para el año 2011, y cabe señalar que dentro del mercado de los bróker fue esta la que primero propuso la función del trading social, ósea que fue la primera que estableció la posibilidad de crear comunidades de trader que pudieran comunicarse y así compartir ideas, experiencias como herramienta para ampliar su conocimiento, ofrecerse ayuda entre otros.

Herramientas y funcionalidades

La característica principal de este bróker suele ser el hecho de perfilarse como un corredor que siempre se mantiene en proceso de innovación, cuyo propósito principal es poner a la orden de sus usuarios las más importantes herramientas y por supuesto funcionalidades, que resultan altamente prácticas, entre ellas podemos mencionar algunas de las más importantes como:

- *Órdenes "stop y limit:* el beneficio principal que ofrece esta herramienta novedosa es la capacidad que otorga de la posición en que se encuentra, tomando los beneficios que surgen en el momento indicado y teniendo entonces la precaución de cortar las perdidas en el caso que el mercado marque una tendencia negativa.

- *Watchlist:* esta herramienta es la que permite que el bróker pueda llevar un cercano seguimiento de algunos activos en particular.

- *Flujo de noticias:* esto lo realiza en tiempo real, a través de esta herramienta podrás seguir de cerca las noticias sobre el comportamiento del mercado a nivel mundial y así poder realizar constantemente los análisis necesarios para sus posibles inversiones resulten ser de la manera más segura posible.

- *Excelencia en sus diseños:* esta plataforma tiene como característica fundamental el respeto a la ergonomía de sus diseños, cuenta con gráficos admirables además de intuitivos que además poseen la característica de poder ser personalizados para que pueda adaptarse a tu propio estilo o mejor aún a las necesidades informativas que requieras, o para priorizar por ejemplo cuales son los indicadores mas rentables.

- *Trading social:* no podría pasar por alto una de las características que de hecho resultó ser históricamente una de las mejores novedades que incluyó esta plataforma, tal y como hemos mencionado antes, es esta característica que le otorgó la mayor reputación que posee este bróker.

A través de esta herramienta puedes seguir en tiempo real el posicionamiento de los mejores trader de la plataforma, pero más aún te brinda la opción de que puedas copiarlos de manera automática, y desde luego cuentas con la posibilidad de conversar con estos trader para que puedas aprender sobre sus estrategias particulares.

Ventajas de Etoro

Indudablemente como ya hemos visto, una de las ventajas que ofrece esta herramienta o plataforma de bróker on line es sin duda la facilidad que puede otorgar el uso de sus herramientas, de hecho es esa la razón que lo ha hecho tan altamente popular y utilizable, pero además de ello y aunque ya lo hemos detallado antes, no podemos dejar de mencionar dentro de este apartado otra de las característica que posee y desde luego siempre resultara ser uno de los aspecto con el que se pueda identificar Etoro y es sin duda su herramienta de trading social.

Las razones por la cual esta característica la hacen tan especial y desde luego perfila como una de las cualidades que se convierte en una de sus más grandes ventajas ya fueron expuesta anteriormente, por el momento vamos a evaluar entonces cuáles serían esas otras cualidades que posee que sin duda lo convierte en una de las mejores opciones o se posicionan como esas ventajas que esta plataforma podría tener sobre otros bróker.

- *Sección de noticias:* esta es una gran oportunidad de mantenerte completamente informado sobre cómo está el mercado actualmente, así podrás realizar tus análisis positivos basado en estadísticas reales, incluso creadas por ti
- *Comisiones claras:* uno de los mayores problemas que podría existir en algunas plataformas o bróker podría ser tener que acudir a factores externos para poder calcular las comisiones, sin embargo en el caso de Etoro, todo está expresado de manera real y sencilla de modo que puedas

entender perfectamente el tema de tus comisiones.

- *Apalancamiento:* esto es una excelente ventaja que puedes obtener a través de este bróker es el tema del apalancamiento, de manera que te permite hacer inversiones por encima de tu capital real.

Desventajas

- *Cuota mínima:* esta se perfilaría como una de las principales desventajas la cuota mínima exigida por este bróker es de 500 dólares, situación que podría ser altamente limitante para algún aspirante con baja capacidad de inversión.

- *Cuota de copiado:* ya hemos mencionado que una de las ventajas que te ofrece esta plataforma era la posibilidad de copiar pero hasta cierto punto se tornaría una gran desventaja, los costos que te exige la plataforma para invertir en ese sistema de copiado instantáneo que sería de un mínimo de 200 dólares, esto sería de verdad algo contraproducente para aquellos pequeños inversionistas que no cuenten con mayor capital de inversión.

Darwinex

Esta plataforma además de ser un bróker que te permite realizar varios trading en variadas modalidades de activos, te permite entre otras cosas realizar gestiones de activos financieros, su centro principal de operaciones se encuentra ubicada en Londres a pesar que sus creadores son de nacionalidad española.

Al igual que muchas las plataformas mencionadas anteriormente, esta nos debe brindar tranquilidad ya que este bróker también se encuentra regulado por la "FCA", ya que como sabemos es una de las reguladoras del mercado financiero que impone condiciones altamente exigentes a las plataformas bróker, esto es un referente inconfundible de seriedad y de estar ante una plataforma garantizada.

El proceso evolutivo de darwinex se ha basado fundamentalmente en ampliar la oferta de activos financiero sobre los cuales llevar a cabo operaciones, pese a que al principio solo permitía realizar operaciones con forex, en la actualidad la carpeta de instrumentos financieros con la que nos permite llevar a cabo el trading es verdaderamente amplia, veamos algunos de estos instrumentos financieros de los que hablamos:

- El número de divisas que podrías encontrar para trabajar en este bróker para forex seria alrededor de 39 pares.
- Te permite desarrollar tu trabajo con un total de hasta seis materias primas como por ejemplo el oro, el barril de petróleo y la plata.
- Además permite también trabajar divisas como Bitcoin y Etherium entre otras de las más importantes a nivel mundial.
- También te permite trabajar con un buen número de índices mundiales como el SP 500, el Nasdaq y el dow jones.
- Por ultimo cuentas con un total aproximado de 239 acciones americanas.

24 Options

De acuerdo a la rigurosa opinión de muchos de los que la han analizado incluyendo el alto número de personas que la han utilizado como plataforma de bróker, esta resulta ser una de las más confiables, esta plataforma viene realizando sus labores financieras a partir del año 2010 teniendo un crecimiento realmente significativo al punto que lo ha hecho merecedora de algunos importantes reconocimientos como por ejemplo la mejor plataforma de trading para el año 2013-2014.

Una nota importante que debes considerar y tener en cuenta que hace esta plataforma profundamente especial para los países de habla hispana, es que este bróker es el único que cuenta satisfactoriamente con un soporte que está completamente en español y además que cuenta con la regulación por parte de CySec además de la Unión Europea.

Otro de los elementos que lo hace realmente interesante es la capacidad que ofrece para realizar negocios con unas característica que lo convierten en muy sencilla, de manera que puedan perfectamente realizar operaciones financieras desde un experto hasta una persona que se encuentre relativamente nueva en el mundo del trading, entre otras cosas esto se debe a que cuenta con una estructura basada en la educación dentro de este nicho, que incluiría detalles como toda una estructura de cursos on line, asesoramiento directo constante y seguimiento de noticias de manera diaria, para poder ir evaluando en tiempo real el comportamiento del mercado.

Dentro de esta plataforma vas a encontrar varios tipos de cuenta, y será tu completa decisión cuál de ellas será la que tomes para empezar a desempeñar tus labores en el mercado financiero.

- *Cuentas básicas:* aquí encuentras una introducción a la plataforma, además un gestor de cuentas pero sobre todo es resaltante que podrás disponer de seminarios, el bróker 24Options te dará a manera de orientación una interesante introducción a los mercados financieros, tendrás acceso a una cuenta demo en la que contaras con un total de 100.000 euros virtuales.

- *Cuentas gold:* en las cuentas Gold se hace una adición de una explicación de la gestión de riesgo, pero lo mejor de todo es que esta no generará un gasto adicional ya que no necesitaras cancelar cargos de mantenimiento.

- *Cuentas platino:* en este tipo de cuentas tendrás gerente de cuenta sénior, además cuenta con acceso de trading central y te otorga completamente gratis un curso para desarrollar el manejo adecuado de MT4

- *Cuentas VIP:* acá no hay mucho que decir ya que esta cuenta está dirigida exclusivamente a operadores altamente profesionales.

Entre la serie de herramientas y beneficios que puede ofrecerte 24Options además de los elementos que ya hemos mencionado, podríamos agregar otro grupo que le otorga mayor aceptación de quienes comúnmente hacen uso de estas herramientas para desempeñarse en el mundo de las operaciones financieras a través de los bróker web

Esta plataforma ofrece por ejemplo un canal de noticias, a través de esta podrás encontrar informes actualizados de los mercados de activos más importantes a nivel mundial, además incluyen noticias de alta relevancia que podrían de alguna manera afectar el mercado de las divisas en los CFDs

Además de esto los usuarios que poseen acceso al trading central, tienen la maravillosa oportunidad de acceder a un análisis completo y detallado de mercado, cuya finalidad vendría a ser la obtención de información, lo cual es una herramienta útil por demás para orientar a los trader a encontrar oportunamente y en tiempo real algunas tendencias y patrones dentro del mercado.

Un maravilloso beneficio que encuentras con esta plataforma bróker vendría a ser el hecho de contar con soporte técnico las 24 horas del día, se trata de un apoyo de manera personal y altamente profesional, en este sentido cabe destacar que los mecanismos de asesoría podrían ser varios, de acuerdo a la necesidad pero todos muy efectivos, por ejemplo, cuentas con una sala de chat en vivo, además puedes establecer contacto vía telefónica y por supuesto a través del correo electrónico, insisto, dependerá en todo momento de cual sea la premura para elegir cuál de estos mecanismos utilizar.

Avatrade

Si se trata de forex una de las opciones para operar que resultan altamente efectivas será esta, avatradex marca sus inicios para el año 2006 y la crítica sobre esta plataforma desde sus inicios ha sido muy positivas, lo importante y por lo cual se encuentra en esta lista de recomendación, es que al igual que las anteriores, se encuentra regulada por organismo de alta relevancia, lo que es una forma de considerar entonces la seriedad que puede representar en términos de garantía y seguridad.

El crecimiento de dicha plataforma por lo antes dicho ha sido una constante, por las características mismas de la plataforma, de manera que si estas nuevo en este mundo del trading y estás buscando una plataforma en la que confiar, sin duda que puedes enfocar tu mirada en esta.

De acuerdo al tipo de cuenta que decidas trabajar, y dependiendo igualmente de la plataforma a través de la cual el trader considere operar, podrá obtener spreads fijos pero además variables, que partirán a partir de 0.9 pips.

Muy a pesar de la popularidad que posee este bróker, hay que tener claro que esta ofrece pocas cuentas, lo que sin embargo no tiene que ser algo completamente negativo, ya que igualmente puedes ejercer la ejecución de todo a través de ella, dicho de otra forma se trata de que ellas no te limitaran todas las funciones que puedas realizar, en Avatrade; estas cuentas de las que hablamos son:

- *Cuenta real:* es decir, se trata de la cuenta que debe aperturar todo trader que desea operar con ella, posee las características necesarias que se requieren para realizar sus operaciones dentro del mercado financiero sin problema alguno.
- *Cuenta islámica:* esta cuenta está pensada

exclusivamente para aquellos operadores de
origen musulmán que tengan el deseo de
realizar inversiones sin comprometer de
ninguna manera sus convicciones religiosas,
cuenta con las mismas características que la
cuenta anterior, pero con ciertas
restricciones basadas en los principios
islámicos.

- *Cuenta demo:* con la cuenta demo podrás
contar con un saldo de carácter virtual con el
fin de que puedas comenzar a practicar
dentro de la plataforma pero realizando
operaciones exactas a las que llevarías a cabo
con una cuenta real.

Sin embargo pese a que no mencionemos otras
podemos garantizar que existen otras plataformas
que podrían resultar de interés para ti, tal como ya lo
habíamos dicho es solo cosa de indagar, y obtener
mayor información, de esta manera podrás encontrar la plataforma bróker que se ajuste de manera
satisfactoria a tus propias necesidades.

6

VARIABLES PARA ELEGIR LA PLATAFORMA TRADING MÁS CONVENIENTE

*T*al y como hemos visto en el capítulo anterior, plataformas para desarrollar un trabajo de trading vía internet son muchas, de hecho hay unas tantas que deben ser observadas con recelo por precaución, ya que estamos hablando de la inversión de nuestro dinero, se trata de nuestros recurso y capital, de manera que no resultaría para nada prudente crear usuarios y comenzar a desarrollar trading con cualquier plataforma que aparezca, lo importante será entonces prestar atención a esas variables que resultan determinantes para que nuestra opción resulte la más segura, practica, versátil e incluso educativa.

Evaluar las regulaciones

Una de las características que debes prestar tu absoluta atención y este requisito es invariable e innegociable por el bien de tu capital que resulta ser tu materia prima en este proyecto de trabajo es el tema de la regulación; aunque cada plataforma podría gozar con regulación en cada una de los países en los que se encuentre, no pierdas de vista el hecho de que sea regulado fundamentalmente por la FCA (autoridad financiera del Reino Unido) o el CySEC (comisión del mercado de valores de Chipre)

Las plataformas bróker de trading pueden que no estén reguladas por estos organismos, pero muestren un tipo de regulación que estará basado en la legislación al respecto dentro de los países de origen, pero la recomendación de estos es de vital importancia ya que son las instancias internacionales las que se presentan con mayor rigor ante estas plataformas.

Facilidad de uso y funcionalidad

Efectivamente y como ya hemos mencionado anteriormente todo dependerá de con que plataforma quieres operar, evaluaciones particulares como tu interés sobre el apalancamiento y otros factores de interés personal vendrán a ser lo que determinara cual será la plataforma bróker que resulte de mayor beneficio para ti.

Sin embargo a modo de recomendación y dada la idea de que apenas te estés iniciando en el mundo del trading, los dos elementos principales a los que debes dirigir tu atención sin duda vienen a ser que el bróker que elijas para llevar a cabo tus operaciones financieras, cuenten con lo siguiente:

- *Facilidad:* en efecto, la mejor manera de evitarte confusiones o malos entendido en el proceso de negociación, debes evaluar que el bróker sea fácil de manejar, por ejemplo que detalle muy bien los valores de acciones o que cuente con graficas que sea de fácil comprensión.

Se recomienda entonces mirar con mucha atención aquellas plataformas que te puedan ofrecer beneficios como cursos, o el contacto dentro de la misma plataforma con otros trader con los que puedas obtener información necesaria, orientación entre otras que contribuyan con tu progreso dentro del mundo de trading.

Por otro lado también es altamente beneficioso

prestar especial cuidado a aquellas que ofrecen asesorías personalizadas con la cual te aseguraras que podrás contar con dicha herramienta para salir de algún aprieto en el que te puedas ver envuelto.

- *Funcionalidad:* este elemento indudablemente está estrechamente ligado al punto anterior, se podría decir de hecho que uno depende el otro, es que justamente la funcionalidad que encuentres en dicha plataforma, será la garantía de que los trabajos que vas a desempeñar a partir de tu afiliación en dicha plataforma serán más fáciles, o al menos más accesibles o manipulables.

Comisiones

Sin duda y esto es algo que en realidad debe ser intrínseco, es evaluar con detenimiento el nivel de ganancia que puedes obtener a través de cada una de las plataformas para desarrollar trading antes de afiliarte definitivamente a alguna de ellas, por ello debes prestar especial atención a elementos como, la diversidad de comisiones que existen en trading, debes considerar de igual forma que las comisiones que puedes obtener en un bróker pueden variar de acuerdo al activo con el cual planeas operar.

Existen además una diferencia significativa (y en esto se debe tener especial cuidado) entre las comisiones de trading que son de más bajo costo y las comisiones de aquellos trading típicos.

CONCLUSIÓN

Todo lo anterior nos deja un buen argumento para poder tomar acción de ingresar en el mundo del mercado financiero, lograrlo es completamente posible, pero más aún es altamente beneficioso para aquel que tome la determinación seria de enfocarse en hacer negocios a través de este modelo de trabajo, que sin duda a resultado altamente efectivo para muchos.

Queda claro que operar con opciones es indudablemente muy beneficioso, si usas las estrategias adecuadas, podrías tener la posibilidad de que cada operación representa siempre un margen de ganancia, como vimos, la inversión que vas a llevar a cabo en este modelo de trading será siempre más bajo que si decides comprar directamente acciones, pero no solo eso o hace atractivo sino aún más su alto índice de probabilidad de lograr obtener ganancias.

Si evalúas las coberturas que te puede otorgar el uso estratégico de las opciones, resulta también un elemento que podrías considerar como un enorme potencial y beneficio, esas opciones te brindan tal y como lo hemos visto, la posibilidad de poder cubrir la totalidad de una cartera completa de acciones.

Además, la diversidad, los grandes beneficios la posibilidad de acertar un negocio en el que otros estarían perdiendo, son causas más que suficiente para echar mano del trading de opciones.

Sin embargo hay que considerar que nada de lo que se quiera en la vida se da de manera fortuita, se requiere alta preparación y para ello la disciplina es vital, sobre todo en una modalidad de negocio en el cual entrara en juego el capital activo que puedas poseer, debes entonces con mayor ahínco enfocarte en lograr desarrollar las cualidades necesarias para evitar perder tu inversión.

Se dice que es la práctica la que hace al maestro, entonces tal cual como ya hemos evaluado en diferentes capítulos, si estás recién empezando en el mundo del trading jamás deberías dejarte llevar por la prisa y los deseos incontrolables de meterte en el negocio, lo primero que debes hacer luego de estudiar cada uno de los pasos correspondientes, es evaluar la plataforma bróker que resulte más práctica para ti, y que cuente con la opción de una "cuenta demo" y comienza a practicar, tal como lo mencionamos tómalo con una seriedad tal como que se tratase de tu propio dinero, evalúa los movimientos de trader profesionales y asesórate lo más que puedas.

Solamente será esa la manera como podrás garantizarte a ti mismo que de verdad lo que estás haciendo no es poner en riesgo tu capital, sino activando la posibilidad de llevar tu vida financiera a lugares más elevados.

Pero no solo eso recuerda que para educarte en el área del trading de opciones existen muchos métodos, así que empezar a hacerlo ahora mismo es una completa posibilidad, comienza la búsquedas de libros, audiolibros, ingresa en el mundo de plataformas como spotify en la que seguramente encontrara cientos de podcast enfocados en el tema financiero, busca esas páginas o blogs que ofrecen recursos como cursos, video tutoriales y más, la verdad es que no hay ninguna razón para no comenzar a educarte desde ya mismo.

Una vez hayas logrado llevar a cabo un tiempo prudente de preparación y práctica, procura por cualquier medio hacerte de un asesor que te acompañe en los primeros pasos que vas a dar en medio de esta plataforma, y sobre todo no olvides algunos detalles importantes como las diferentes opciones que puedes encontrar en el mundo del trading de opciones, la recomendación que podría darte inicialmente, sería que trates de enfocarte en un área específica del mercado financiero, en una modalidad de inversión hasta que ya te conviertas en un experto y vayas al otro, dedícate por ejemplo a las opciones de acciones, o de pronto las opciones put o call y dedícale todo el tiempo que sea necesario para que te conviertas en un experto.

Y finalmente no olvides que se hace completamente vital prestar especial cuidado al tema de la plataforma bróker que vas a utilizar, toma en cuenta todos y cada uno de los consejos que hemos dejado para ti y asegúrate un mundo lleno de éxitos y triunfos en el mundo del trading de opciones.

MAESTRÍA PARA INVERTIR EN FOREX 2020

LA GUÍA DE INICIO RÁPIDA PARA PRINCIPIANTES PARA GANAR DINERO CON ESTRATEGIAS AVANZADAS DE TRADING AL DÍA. DESCUBRE LA PSICOLOGÍA SECRETA DEL TRADING PARA CREAR RIQUEZA, Y RETIRARSE SIENDO MILLONARIO

INTRODUCCIÓN

Para iniciar este trabajo, a modo de introducción podemos decir que Forex forma parte del mercado internacional de divisas; Forex es la abreviación de Foreign Exchange.

Este mercado de divisas ha cobrado gran popularidad en los últimos tiempos, tanto entre los más expertos como en aquellos que van dando sus primeros pasos en el mundo trading. Se basa en dos características que dan idea del inmenso potencial que posee:

Es el mercado más grande del mundo y está abierto las 24 horas del día, de lunes a viernes. Al día se mueven alrededor de cinco billones de dólares, esto conlleva a mantener una liquidez inmensa o lo que se traduce en que siempre hay contrapartida en el mercado para ejecutar las órdenes del trader. Esto permite que haya una volatilidad notable que ofrece buenos movimientos de las cotizaciones y grandes oportunidades para cualquier operador.

Se puede acceder a Forex desde cualquier dispositivo que tenga acceso a internet; la actividad permanente en el mercado de divisas se hace posible gracias a las grandes sesiones financieras que tienen su espacio: Europa, Estados Unidos y Asia.

Para quien está empezando en el mundo del trading, la referencia que tiene de este mundo es lo que normalmente conoce como Bolsa, o lo que es lo mismo la compraventa de acciones de compañías que están cotizadas. En Forex no se compran acciones, sino que es un mercado de divisas, entonces cuando un inversor participa en el mercado Forex está comprando y vendiendo a la vez. Lo hace en la misma operación, es posible gracias a los instrumentos que maneja Forex con los cruces de divisas.

De entre los pares de divisas Forex acapara el mayor volumen de operaciones.

En este trabajo hablaremos de Forex y de todo lo que este puede hacer, así como de muchos conceptos que pueden no manejarse ahora, pero que son necesarios para hacerse un trader experto.

1

LOS ASPECTOS MÁS BÁSICOS

¿QUÉ ES EL MERCADO FOREX?

*E*l mercado Forex, es un espacio que no está centralizado y es donde se negocian las divisas, cada una de estas divisas tiene una tasa de conversión, llamada tipo de cambio de 1.10, esto quiere decir que un euro equivale a 1.10 dólares estadounidenses.

Forex es uno de los mercado más líquidos, donde el volumen diario de transacciones con movimientos es de 5 billones de dólares. Se usa principalmente para facilitar las operaciones y las inversiones entre países.

El mercado Forex no cierra como sucede con las otras Bolsas, está abierto las 24 horas, abre en Sydney los lunes por la mañana y cierra en Nueva York los viernes por la tarde. Los fines de semana no abre.

EL IMPACTO DE LA TECNOLOGÍA EN EL MERCADO FOREX

La tecnología ha tenido un impacto en el mercado Forex y cobró gran importancia gracias a:

- Un crecimiento económico acelerado.
- Los avances tecnológicos que permiten nuevas opciones.
- La era de internet.

Dentro de los grandes logros de la era digital está el haber digitalizado el dinero. Antes con el dinero en papel se transfería dinero a otros por medio de un billete, con las tecnologías de la información, ahora se puede hacer el mismo proceso solo tocando una pantalla o un botón.

Durante los años noventa se vio este potencial que tendría gran auge en su momento y se formaron empresas que permitieron el acceso al mercado de divisas y las cuentas con apalancamiento. Estas empresas lograron ser reconocidas y es gracias a ellas que actualmente cualquier persona que tenga 10 dólares en el bolsillo y una plataforma digital puede probar habilidades en este mercado.

¿QUÉ ES EL TRADING FOREX?

Para responder en detalle qué es el trading Forex, lo mejor es dividir la pregunta en dos términos:

Trading es un término mediante el cual se cambia un producto por otro, se puede hacer trading con una amplia serie de instrumentos: Forex, commodities, índices, acciones, criptomonedas, entre otros.

Ahora, el término Forex hace referencia al mercado en el que se hace la operación de cambiar divisas por otras, así como con el tipo de instrumentos financieros.

Por lo tanto, aclarado este punto y poniendose en perspectiva, hay que preguntarse ¿qué es el trading en Forex? El trading en Forex es una actividad o una profesión por medio de la cual se compran y venden pares de divisas para especular sobre la subida o bajada de dichos pares.

La actividad está abierta a cualquier persona que tenga un computador con acceso a la gran red. El trading en Forex es un tipo de trading diario que tiene espacio internacional. Pueden participar los Estados, las empresas e incluso los particulares, o sea cualquier persona, opera en divisas todos los días de lunes a viernes.

Este es un trading que se hace por medio de redes informáticas, y lo realizan traders de todo el mundo. Es esta la razón principal por la que el mercado de divisas Forex es el más grande y líquido que existe y con más accesibilidad, aunque también hay que ver que como es tan receptivo tiene también mucho peligro. En su momento avanzaremos un poco sobre este último punto.

LAS MEJORES DIVISAS PARA OPERAR EN FOREX

Estas son las mejores divisas con las que se puede trabajar en el mercado Forex:

- Dólares estadounidenses.
- Euros.
- Libras esterlinas.
- Yen japonés.

- Francos suizos.

Estos conforman el grupo de pares de divisas principales en Forex:

- EUR/USD
- GBP/USD
- USD/JPY
- USD/CHF

Si se fija en cada uno de los pares se incluye el dólar estadounidense.

Los pares compuestos de las divisas principales no incluyen al dólar estadounidense y se llaman pares cruzados. Estos son algunos ejemplos:

- EUR/GBP
- GBP/JPY
- CHF/GBP

También hay otras tres divisas que se pueden encontrar comúnmente al operar en Forex:

- El dólar de Nueva Zelanda.
- El dólar de Canadá.
- El dólar australiano.

Si se juntan con el dólar estadounidense, se tendrá el grupo conocido como pares menores.

- NZD/USD
- CAD/USD
- AUD/USD

Todos los demás pares que son exóticos, por lo general se componen de menos de 10% con todas las transacciones de Forex.

CÓMO FUNCIONA FOREX

La lógica de cómo funciona Forex es bastante sencilla, todo el que empieza a desempeñar la actividad del trading tiene esta inquietud: cómo gano dinero con Forex. El trader o el operador en este mercado compra algo esperando que aumente el valor o lo vende cuando presume que bajará.

Vamos a ponerlo en un ejemplo, el euro hoy cuesta 1,3579, cuando se analiza el mercado, el trader deduce que este valor va a incrementarse en las próximas horas, entonces abre una operación de compra y aguarda. Al otro día el euro vale 1,4680 y el trader cierra la orden, lo que le asegura una ganancia de unos cuantos pips.

Esto se traduce en un dinero que se gana. La suma va a depender del volumen que el trader haya invertido en esa operación en concreto.

Se pueden ganar desde 5000 euros hasta 50 mil, hay variables.

Sin embargo si se profundiza en el ejemplo anterior, se verá que las cosas son un poco más complicadas, pero esto es algo que se irá desarrollando a lo largo de este trabajo.

2

CONTEXTO DEL MERCADO FOREX: LO QUE NECESITAS CONOCER

OFERTA Y DEMANDA

*V*amos a comprender en detalle qué es la oferta y la demanda. Comprender lo que sucede tras el gráfico es clave para lograr cualquier método de negociación. Las barras y las velas en la pantalla no son solo patrones de colores verde y rojo, esto es lo que se encuentra como expresiones de oferta y demanda.

Algo que se preguntan los que quieren entrar al mundo del trader es qué es la Acción del Precio. La verdad no hay secretos tras la exploración de la huella de los tipos de cambio a través de los gráficos, pero el comportamiento del precio es algo más que giros al alza y la baja.

Se puede desechar fácilmente el análisis de soportes y resistencias por no considerarlo valioso, aunque este es un concepto más bien abstracto y necesita de un poco de práctica para poderlo ejercer con eficacia. Comprender este concepto desde un punto de vista teórico no quiere decir que se integró en la práctica.

Vamos a comprender un poco lo que es la oferta y la demanda.

Las reacciones de los operadores en el mercado es lo que mueve los tipos de cambio que se hacen. Estos reflejan todo lo que se necesita saber.

En términos generales, los precios bajan cuando la mayoría de los participantes piensan que son demasiado altos y suben cuando se consideran muy bajos. No hay una lógica inherente al mercado ni inteligencia superior que se pueda descifrar. Es más bien lo contrario, el mercado, se basa en una masa de individuos racionales donde las reacciones no están impulsadas por la lógica racional.

Tienen más tendencia a oscilar entre los periodos de codicia y los periodos de temor. Hay tantos participantes en el mercado y muchísimas razones por las que cada una de ellos elige hacer la compra o vender en un momento donde ningún método sería capaz de descifrar el comportamiento con todas las variables incluidas.

Por lo general se dice que el análisis del gráfico, por la propia naturaleza es más arte que ciencia. Esto tiene lógica si se tiene en cuenta que los mercados lo hacen los humanos y no por análisis. Cada trader de alguna manera presta atención a los niveles de precios, pero la forma en la que actúan a ellos nunca es igual a otra.

Hacerse un operador requiere que se aprenda el comportamiento en un entorno impredecible. Es clave que se cree un marco estratégico para poder identificar los patrones de comportamiento de quienes participan. Este es un conocimiento que le dará al operador una ventaja para que pueda actuar en el mercado.

Para poder empezar a hacerlo se tienen que desarrollar habilidades analíticas, se tienen que poder identificar los niveles de las ofertas y demandas y medirles su fuerza. Las ventajas que tiene trabajar con esto es que se puede ver su coherencia, son niveles que siguen siendo visibles en un gráfico y en algunos puntos dura hasta meses y años.

Este es de los puntos esenciales que se enseñan en los manuales de trading, es porque es uno de los pilares del análisis técnico, por la lógica es un concepto fácil de entender pero es donde muchos operadores tropiezan.

Un nivel de soporte es un nivel de precios por debajo del actual, donde la demanda ha sido más fuerte que la oferta, impulsando la subida de los precios. Demanda es un sinónimo de que hay alza.

En un nivel de soporte, la expectativa general es que la demanda superará a la oferta, por lo que una caída en el precio va a frenarse en el momento en el que llegue a ese nivel. Como consecuencia se espera que el costo rebote al alza porque un soporte es el nivel de precios donde se espera que la demanda sea fuerte como para evitar que el precio descienda más.

El mercado se entiende como la voluntad de millones de inversores, considera un nivel de precios que sea bajo y esté aceptable para comprarlo. Cuando el precio llega a ese valor, las compras aumentan considerablemente. La lógica dicta que a medida que el precio baja hacia el soporte y se abarata más, los que compran se inclinan a comprar más. A medida que aumenta la demanda los precios comienzan a subir.

Ahora veamos la resistencia, es un nivel máximo donde se identifica que la oferta ha excedido a la demanda, se para el alza y el tipo de cambio, al final se hace caer desde allí porque la oferta es sinónimo de baja.

En el mercado se cree que un nivel de precios es alto, las ventas se dispararán en el momento en el que el precio llegue a ese nivel. Dicho de otro modo, un nivel de resistencia es un precio de referencia en el que la presión de ventas es más grande que las demandas.

Puede ser tan grande que puede detener una escalada apresurada de precios. Los niveles de soporte y resistencia, se detectan por medio del análisis de la evolución de la acción del precio en un gráfico, por medio de la identificación de los niveles donde los precios se pararon luego de un periodo ascendente o descendente.

Entonces, la resistencia es el nivel de precios al que se espera que la presión que vende sea fuerte para evitar que el precio se eleve más. La lógica dicta que a medida que el precio aumenta hacia la resistencia, los vendedores se hacen más propensos a vender y los compradores bajan la propensión a comprar. Cuando el precio llega al nivel de resistencia se espera que la oferta supere la demanda y evite que el precio pase por sobre ella.

LA INTERACCIÓN ENTRE LA OFERTA Y LA DEMANDA

Hay una frase conocida en este medio: "Cuando una resistencia se rompe, nos encontramos en una tendencia alcista y la resistencia se convierte en soporte; y viceversa, cuando el soporte se rompe a la baja, estamos en una tendencia bajista y el soporte se convierte en resistencia." Aunque es real no explica lo que pasa tras los gráficos.

No es solo el concepto de soporte y resistencia, esto se entiende fácil, presenta componentes que mejoran el análisis gráfico, la relación entre la oferta y la demanda se manifiesta en cualquier tipo de costos y se puede medir por medio de varios procedimientos.

TRAZA UN MAPA MENTAL DE LA INDUSTRIA ANTES DE QUE TE PIERDAS

Trazar un mapa mental de la industria antes de perderse es esencial cuando se está en este proceso de conocer el funcionamiento de Forex. Este mercado de valores se tiene que ver como un inmenso océano que cambia constantemente. En ese océano hay muchísimos peces desde inmensos a pequeños, dependiendo del poder de compra que posean.

También hay decisiones grandes sobre las políticas monetarias y sobre el trading que provocan muchas olas, pueden desequilibrar los precios de muchos activos; hay peces de tamaño mediano que son los inversores privados, las compañías con necesidades de cobertura, los bancos privados, luego están los pequeños que son los brókeres financieros, bancos pequeñitos e inversores con poco capital.

Muchos participantes en este mercado tienen acceso directo al interbancario Forex que es el mercado donde toda la magia del intercambio de divisas sucede. Se puede entrar en el mercado simplemente por tener cierto umbral de fondos, se puede operar con ellos sin tener intermediarios.

Los que participan y son más chicos se llaman o reconocen como plancton del océano financiero, buscan sobrevivir lo suficiente para poder crecer como trader minorista de Forex, en esto entra el trader que se inicia.

El poder de compra de un trader que lo hace ocasionalmente es sumamente pequeño, comparado con los peces gordos que necesitan un bróker de Forex o un banco que le proporcione una cuenta de trading apalancada y el acceso por medio de servidores de trading.

Por ello es que hay que trazar un mapa mental para comprender cómo funciona el mercado de Forex, saber la posición de cada quien en la escala que inspirará la cautela necesaria a la hora de hacer el trading.

MANTENTE ATENTO A LOS TIPOS DE INTERÉS

Hay que mantenerse atento a los intereses, esto es algo que pueden hacer los bancos nacionales, sale más costoso para los participantes del mercado pedir prestada esta divisa al mercado central, porque causa una escasez en el suministro de la divisa e impulsa un precio en alza.

Esto es bueno para quién no tiene deseos de una divisa sólida. Aunque en realidad no es así, a corto plazo esto quiere decir que se tendrá menos capital para desarrollar relaciones empresariales, menos ingresos nacionales y al final un índice de crecimiento más lento. Esto ralentiza la inflación y la inevitable subida de la deuda, lo que a largo plazo no es beneficioso.

Cuando se recortan los tipos de interés, todos los que participan en el mercado pueden pedir prestado más capital, entonces se crea un excedente en el suministro de capital y el precio de la divisa baja.

Esto significa a corto plazo una expansión en las empresas que aumenta los gastos nacionales y el crecimiento de la economía.

Esto parece sonar bien pero no lo es en realidad, entre más dinero se pida más se debe, a largo plazo el crédito se acumulará en el banco y caerá en todos como una tormenta inmensa creando una crisis financiera, esto denomina el ciclo macro económico.

Este es un proceso común en las economías capitalistas, los bancos nacionales están constantemente buscando equilibrar las escalas subiendo y bajando los intereses, es lo que se llama ciclo micro económico.

Los ciclos se parecen a los ciclos de cambio del clima, son lentos, no se pueden detener y generan peligro para los participantes del mercado que no pueden ver cuándo llegan.

3

LOS BENEFICIOS DEL TRADING

*A*hora comencemos este capítulo hablando de los beneficios que tiene el trading. Cuando alguien no conoce a los corredores de Bolsa y a los que se mueven en este medio de las divisas y Forex, tiene el estereotipo mental de que son jóvenes apuestos con trajes y mirada de éxito que se ganan millones de dólares con dos clics. Esto es, eso, un estereotipo y más con las evoluciones de los últimos años donde ahora el trader es muy diferente y donde se ha confirmado que este mundo no es para todos. Actualmente cualquiera puede operar pero la gran pregunta es cuál mercado elegir, se puede elegir entre futuros, energías, opciones, divisas o valores. Todos los mercados tienen lo suyo, pero también se encuentra Forex con una serie de ventajas que no se pueden ignorar.

Bueno, estos son unos elementos a tener en cuenta para poder comenzar a operar en Forex y unos beneficios que no se pueden desestimar.

En los últimos tiempos las operaciones que se hacen en Forex han llegado a ser ampliamente accesibles y actualmente hay muchas personas que comienzan a preguntarse sobre esos beneficios que ofrece este mercado.

Algunas de las personas ven que son operaciones en línea, es necesario entender las ventajas que ofrece Forex comparado con el mercado de valores, es lo que se buscará aclarar en este capítulo, para que así se considere incluir en una de las opciones a invertir.

ACCESIBILIDAD

La accesibilidad es uno de los grandes beneficios que tiene Forex; se puede comenzar a operar con poco capital, para la compraventa de valores se puede necesitar un depósito de unos diez mil dólares mientras que para operaciones con divisas se puede arrancar con apenas diez dólares, para los trader que se mueven con volúmenes pequeños este es de los beneficios más interesantes.

LIQUIDEZ

Forex es un mercado que tiene mucha liquidez en el mundo, la razón es que hay una gran oferta y demanda de dinero constante. Uno de los grandes beneficios de operar en Forex es que el mercado abre las 24 horas de lunes a viernes, lo que se traduce en que no hay que ajustar horarios para poder operar, se puede hacer durante todo el día, sea a las 8 de la mañana o a las 3 de la mañana.

En condiciones normales puede cerrarse una posición con facilidad, ya que el mercado Forex tiene oferta y demanda permanente.

EL DESARROLLO TECNOLÓGICO

Otro de los grandes beneficios de operar en Forex es su desarrollo tecnológico que tiene un gran avance en tecnología de software. Muchos de los brokers proveen plataformas desarrolladas desde hace años, los brokers de Forex tienen nuevas plataformas de negociación. También tienen una gran cantidad de proveedores de software de terceros que proveen muchas extensiones de trading útiles.

Se puede entrar a plataformas de negociación en Forex que son muy buenas, hay empresas con las que se puede trabajar y ofrecen plataformas con programas para ponerlas en todos los dispositivos electrónicos para que se opere desde donde sea.

OPERACIONES EN CORTO

Las operaciones en corto son muy atractivas para muchos traders. Las ventajas que ofrece Forex son importantísimas, pero vender divisas sin comprarlas antes es uno de los principales beneficios de estar en Forex. Una de las filosofías que maneja es que se puede comprar barato y vender caro, pero en Forex se puede vender caro y comprar barato, así puedes obtener beneficios en ambas tendencias tanto a la baja como al alza. Es complejo poder abrir una posición corta en acciones y futuros, mientras que con las monedas puedes vender activos solo clicando un botón si se cree que la tendencia es baja.

APALANCAMIENTO

El apalancamiento es una herramienta muy útil, si se habla de operaciones compraventa, la regla es que a mayor capital mayor volumen de operaciones. El apalancamiento es un arma que es importante en el mundo de beneficios de Forex, cuando se usa el apalancamiento el trader puede comprar hasta 500 veces más fondos de lo que tiene en realidad, así se pueden generar fácilmente ganancias sustanciales o tener pérdidas, sin contar con capital a disposición.

COSTOS BAJOS DE TRANSACCIÓN

En Forex se pueden tener costos bajos de transacción, el mercado de las divisas se considera uno de los mercados financieros con costos más bajos de operación. Muchos brokers cobran basándose en dos esquemas:

El spread: los brokers cobran un monto distinto para operaciones de compra de operaciones de venta, esta diferencia es la que se queda el bróker.

El spread y las comisiones: la mayoría de los brokers en este esquema cargan una comisión pero el spread es pequeño por lo general, por lo tanto los costos de transacción pueden ser menores que los brokers que cargan solo el spread.

POTENCIAL DE GANANCIAS TANTO EN MERCADOS ALCISTAS COMO BAJISTAS

Se tiene el potencial de ganancias tanto cuando se está en mercados alcistas como bajistas. En las posiciones Forex que están abiertas, un inversionista tiene una posición larga en una divisa corta, la posición corta es en la que el operador vende divisas antes de que se deprecie, en este caso el inversionista se beneficia de una caída en el mercado.

SE OPERA DESDE DONDE SEA

Forex se puede hacer desde donde sea, dado que las transacciones no tienen un lugar físico para operarse, se puede operar en cualquier parte del mundo, desde oficina propia, en la casa y hasta en la cama. Solo se requiere de una conexión a internet donde se pueda tener acceso al bróker.

Estas son algunas de las grandes ventajas de operar en Forex, claro, son muchas pero estas son de las más importantes, especialmente para el trader que está empezando.

LOS RIESGOS INVOLUCRADOS

Forex tiene riesgos involucrados como todos los mercados, más este mercado tan grande donde operan más de 5 billones al día. El volumen de operaciones al día es tan grande que es posible que se espere un grado de volatilidad, esto es bueno para los traders, pero la alta volatilidad combinada con un alto nivel de apalancamiento puede generar pérdidas sustanciales ya que en algunos casos podría sobrepasar el depósito. Es por esta razón que antes de operar en Forex se debe considerar detenidamente o se debe asesorar con un experto.

Ahora que se han examinado las principales ventajas que tiene operar en Forex veamos las ventajas para un operador Forex profesional. Aunque esto es algo que un operador profesional ya debe conocer, este sabe todas las ventajas que conlleva operar en Forex así como sus riesgos, pero hay otros elementos que a lo mejor no conoce en detalle. Estos son los argumentos que tienen personas que llevan años trabajando en operaciones de compraventa.

SEÑALES

Las señales de trading hacen el papel de ser un alerta, avisa a los traders cuándo deben dejar una operación. Las señales son proporcionadas por traders experimentados o empresas especializadas que cobran una tarifa a cambio o lo hacen gratis.

Las señales pueden ayudar mucho a un trader que está empezando, obtiene detalles precisos de las transacciones que recomiendan los proveedores de señales Forex.

SE PUEDEN ADMINISTRAR CUENTAS

El trader profesional puede volverse un Administrador de Cuentas, la diferencia principal entre las señales y la administración de cuentas es que con la señal se recibe una compensación por el volumen de operaciones, es decir, cuando se envía una señal la persona con la misma operación sea con 10 dólares o cien mil, paga lo mismo.

Cuando se administran las cuentas se puede construir un sistema de compensación flexible, este sistema puede basarse en la comisión obtenida por el éxito de una operación, el volumen de las operaciones y otros factores.

Hay que considerar a la administración de cuentas Forex como una buena manera de aumentar la cantidad de fondos disponibles para operar. Es similar al apalancamiento, los fondos permiten que se abran transacciones más grandes y que generen más dinero.

La administración de cuentas Forex son una excelente manera de aumentar los fondos que se tienen para operar. Es similar al apalancamiento, los fondos permiten que se abran transacciones más grandes y con más ganancias.

Un consejo, siempre se tiene que consultar el bróker sobre las regulaciones específicas que se aplican a la utilización de asesores expertos o robots Forex y sobre la administración de cuentas que ofrece porque puede variar según la jurisdicción.

PROGRAMAS DE LEALTAD Y BONIFICACIONES

De acuerdo a quien elija el trader, puede conseguir programas de lealtad y bonificaciones. Fuera del campo de Forex, muchas instituciones financieras se posicionan como un proveedor de servicios, proporcionan condiciones comerciales que no se negocian.

Los brokers de Forex generan un administrador que se dedica y ayuda cada que se necesite. Pone a disposición programas de lealtad que son atractivos y permiten ser compensados por las transacciones que se hacen.

Realizan promociones donde hay programas de bonificaciones para sus clientes donde le ayudan a tener más fondos para sus compraventas. En este tipo de operaciones ambos ganan, el trader y el bróker ya que se maximiza el potencial de la venta. Un profesional hace bien al cambiarse a las operaciones en Forex, porque recibe apoyo y orientación cuando lo necesite y en ocasiones puede recibir un proveedor de señal o un administrador de cuenta con las operaciones. Por lo tanto se es capaz de recibir ingresos adicionales con las operaciones.

El mercado de Forex es accesible y se puede hacer depósitos con montos menores a otros mercados.

4

CONSEJOS PARA IR DE PRINCIPIANTE A EXPERTO

ELIGE TU BRÓKER

Un gran paso para el trader es elegir su bróker. Al momento hay una gran oferta de brokers online que ofrecen los servicios a inversores de todo el mundo, el número va en aumento constante, cada vez es más difícil, especialmente para el que empieza, elegir cuáles son las diferencias entre ellos y cómo elegir al que realmente sea efectivo a los propósitos.

El factor más importante a considerar al elegir un bróker es que se trate de una empresa que genere confianza, el bróker online es el encargado de recibir el dinero y de ejecutar las operaciones que se le pidan. Por eso hay que elegir a uno que sea serio, profesional y límpido.

Uno de los medios que se tienen para poder valorar la fiabilidad del bróker es ver si se trata de uno regulado y ver qué organismo lo supervisa, ya que un bróker regulado no es garante total de confianza, aunque ya es una ganancia a considerar frente a los brokers que no se someten a nadie. Un bróker regulado se somete a una serie de normas que velan por la protección de los inversores para la solvencia y seguridad de los fondos y por la correcta comercialización y actividades que realice.

Algunos reguladores son más exigentes que otros, uno de los más exigentes a nivel mundial es la FCA que es el regulador de servicios financieros del Reino Unido. En España está la Comisión Nacional del Mercado de Valores, en Alemania la Autoridad Federal de Supervisión Financiera, en Chipre está la Cyprus Securities and Exchange Commission.

Muchas de estas regulaciones y el cumplimiento de las directivas europeas como la MiFID obligan a los brokers a mantener los fondos de los inversores en cuentas bancarias segregadas de las de la propia compañía. De este modo el dinero de los clientes no se ve afectado por la situación financiera del bróker ni puede ser embargado por sus acreedores ante una quiebra que pudiera o no suceder.

También hay algunos países con fondos de compensación a los inversores que protegen una determinada cantidad del dinero.

Otra manera de analizar la fiabilidad de un bróker online es la de recurrir a opiniones de clientes que se pueden encontrar en foros, comentarios, blogs, y en muchos sitios webs. Cuando se valoran las opiniones hay que tener en cuenta que es mucho más fácil que alguien publique opiniones negativas de un bróker ante una mala experiencia a encontrar opiniones positivas. Entonces toca fijarse si ese bróker no tiene nada malo qué decirle ya se tiene otra referencia a considerar.

La página del bróker se debe revisar a fondo antes de dar de alta una cuenta con ellos, el bróker transparente publica información detallada de sus condiciones de negociación, aporta documentación para resolver dudas y tiene implementados procedimientos de contacto y reclamación ante incidencias, esto siempre va a ser más recomendable que el que te muestra solo bondades y pocos detalles de sus condiciones, no hay que dudar de contactar con el servicio al cliente para detalles que no se vean claras y comprobar el grado de respuesta, calidad y rapidez.

Sumado a la fiabilidad hay que ver el bróker para invertir que tenga condiciones que encajen dentro de las posibilidades que se tienen.

Los brokers online pueden ofrecer una o varias cuentas de trading, cuando dan la posibilidad de tener varias es porque cada una de ellas mejora generalmente las condiciones de trading de las anteriores, pero se da a cambio de un pago inicial mínimo más elevado. Si por ejemplo el bróker pide 10 mil dólares para empezar y no se tiene tal cantidad, se puede pasar al siguiente, pero actualmente el depósito no suele ser el impedimento ya que en la mayoría se puede empezar a invertir online con depósitos pequeños, pero lo que hay que destacar es que entre más dinero se tenga más probabilidades de invertir hay y se tienen mejores condiciones.

CREA TU ESTRATEGIA

El trader tiene que ser un estratega nato. Muchas personas creen que los mercados son aleatorios, entonces prefieren seguir una corazonada que dependa de los instintos, a veces es realmente posible obtener grandes ganancias en una sola operación, inspirándose solo en la intuición. Pero este tipo de éxito es cuestión solo de la casualidad, no hay garantías que puedan repetirlo, los traders que tienen experiencia confían en sus estrategias de trading con cuidado. Saben que a veces hay desviaciones en las tasas de cambio, las mismas siguen patrones y por ende se necesita enfoque estratégico para poder operar, por eso es mejor construir una estrategia propia de trading.

Dentro de los beneficios de contar con una estrategia de trading está que ayuda al operador a evitar las emociones que lo destruyan durante el trading, esto lo logra apegado a esa estrategia que ha construido.

La estrategia puede ser respaldada en los datos históricos, dado que ya tiene una prueba de qué es lo que funciona.

La estrategia reduce el tiempo de análisis en el mercado, tan pronto como proporciona señales el trader comienza a actuar.

En internet se pueden conseguir muchas estrategias que se pueden poner en marcha pero antes de poner en marcha alguna de estas, se tiene que probar primero en un demo para saber si realmente es efectiva o no.

Hay que tener expectativas, ya que algunas estrategias son mejores que otras. Eso sí, ninguna va a ofrecer la garantía de un 100% de ganancia. Hay muchísimas estrategias para arrancar pero se puede igual construir una propia. Para conocer la efectividad de antemano se tiene que tener años de experiencia para ya poderlas identificar solo con verlas.

Hay que ver cómo se mueven las tasas de cambio, saber que las divisas pueden subir y bajar por las reuniones de bancos centrales y las publicaciones de datos económicos de alto valor.

PASOS PARA CONSTRUIR LA ESTRATEGIA

Para seguir los pasos para construir una estrategia, el primer paso es preguntarse quién se es: un trader diario, un scalper, un trader a mediano plazo o a largo plazo, luego de esto se elige un cronograma, que sea por horas, M30, a diario, semanal, mensual o como se prefiera.

Ahora se decide cuál es el lugar del mercado donde se va a enfocar, se basan en condiciones principales:

tendencia, rango y ruptura. Cada una de estas condiciones exhibe su propio tono de mercado, dejando como resultado una estrategia que es buena para el trading de tendencias que puede mostrar un resultado debilitado cuando el mercado está en un rango.

Ahora llega el momento de seleccionar las herramientas, ver si se usaran indicadores técnicos, y si esto es así, cuáles, hay dos tipos de estrategias: las que son con indicador y sin el indicador.

Las estrategias que no tienen indicadores pueden incluir el análisis de los patrones de velas, los patrones de gráficos, las líneas de tendencia y otros elementos de acción del precio así como trading de noticias.

Hay que definir la configuración que con las condiciones requeridas y el gatillo de entrada es la regla para iniciar la estrategia.

La configuración es una condición de mercado favorable, con gran significado pero no lo suficiente para abrir la operación, puede referirse a una ubicación en particular de indicadores o de velas que se pongan en un gráfico técnico. La configuración muestra un momento favorable para el trading. Pero no apunta al momento exacto en el que se pueda ingresar.

La configuración se basa en uno o más filtros, estos se diseñan para poder proteger a las señales falsas de trading, aunque si se aplican muchos filtros se corre el riesgo de perder para siempre las señales del trading. Esto es necesario para un equilibrio entre un pequeño y gran número de filtros.

Otro elemento a considerar es el gatillo de entrada, que es opuesto a la configuración, es una técnica que indica el momento ideal para ingresar al mercado. Es importante que se conozca el gatillo para poderlo hacer sin miedos ni dudas, pueden ser velas, patrones, indicadores y osciladores.

Hay que establecer parámetros para la gestión de riesgos, estos tienen que ser estrictos, se tiene que ver la recompensa y los riesgos, el tamaño, la proporción común entre la pérdida potencial y la ganancia de 1:3. La regla básica en el trading es que no se arriesgue más del 2% del depósito en la operación.

Hay que elegir las reglas de salida, se tiene que tener una regla de órdenes take profit y stop loss.

No hay que olvidar que solo existe un gatillo o

disparador de entrada sino un gatillo de salida también. Es el momento donde se comprende que es la hora de cerrar la operación, el gatillo de salida es útil no solo cuando se falla, sino cuando se tiene una operación rentable y se quiere salir, porque el mercado no estará siempre de nuestro lado.

Hay que escribir las reglas de la estrategia, incluso si se recuerdan los pasos de ella, es mejor escribirlos para no tener dudas al momento de operar.

Corresponde poner a prueba la estrategia en una cuenta demo para ver cómo se mueve, se hace un gran esfuerzo para que se cree una base de éxito. Si hay errores se pueden corregir sin perder capital.

La estrategia se puede empezar a usar en una cuenta real ahora, no hay que desviarse de las reglas, hay que aprender constantemente pensando en que esa estrategia puede ser aún mejor.

CONTROLA TUS EMOCIONES

Las emociones hay que controlarlas, a veces el trader siente vergüenza cuando mira su diario de trading y ve lo hecho en el pasado, descubre los errores que cometió, muchos sin sentido, pero se hicieron.

Esto sucede solo por un motivo: se actuó mal por estar influido por las emociones fuertes y se estropeó el alcance que hubiera podido tener la estrategia.

Los casos más típicos son los que se saltan el sistema o se permiten saltar algunas reglas pequeñas o reculando cuan do ha tocado hacerlo.

Un trading tiene este tipo de emociones: ansiedad, inquietud, avaricia, urgencia, todo esto lleva a precipitarse y a excederse. Quienes operan con activos no les conviene irse de esta manera porque pueden perder oportunidades e irse a un abismo de errores.

Además de que se disparan los gastos aumentan los errores y se reduce el beneficio de la operación, además de subir el riesgo de ruina por encima de lo que es razonable.

Hay que controlar las emociones para que se pueda ganar dinero en los mercado financieros, se tiene que trabajar con un poco de mente fría y pensar bien cada movimiento, con la mente calmada, sin exceso de confianza y sin miedos que paralicen.

PRACTICA Y LLEGARÁS A LA PERFECCIÓN

La práctica constante hace al maestro, siempre se ha sabido que cualquier actividad si se hace constantemente al final termina siendo toda una escuela.

En el mundo de Forex esto cuenta, mientras más estrategias se ensayen, se analicen se piensen y se coloquen en demos, mejor será la experiencia que se va adquiriendo y esto permitirá que se vean los riesgos y también las oportunidades.

LA PSICOLOGÍA ES CLAVE

La psicología es clave en el Forex. Hay sesgos psicológicos que pueden afectar al momento de operar:

El primero es ser demasiado confiado, cuando se logran algunas posiciones ganadoras consecutivas se puede creer que es fácil seguir ganando y esto puede afectar la visión y se puede errar garrafalmente en algún momento.

Las decisiones hay que meditarlas y el exceso de confianza descuida esto. Ahí llegan los errores.

El mejor consejo es que se controle el exceso de autoestima, está bien que se crea en sí mismo, pero con realismo, hay que analizar la situación, eso es parte del exceso de confianza, revisar para que se siga sintiendo esa sensación de que se es líder en lo que se hace.

El otro sesgo que afecta desde la psicología al trader es el del anclaje, esto se refiere a la necesidad que se tiene de agarrarse a lo que es conocido, a lo que puede llevar a fiarse de datos que ya están obsoletos y que pueden traer malos resultados.

El otro sesgo que puede afectar es el de confirmación o la búsqueda de indicadores que confirmen la estrategia, si sirve para confirmar una decisión correcta, lo único que puede hacer este sesgo es que se pierda tiempo, pero si es errada hará que se aleje de la que verdaderamente sirve.

Finalmente está el sesgo de pérdida o temor a mantener posiciones, esta es la actitud de perdedor, es contraria a la de exceso de confianza y puede causar pérdidas de dinero.

TOMA RIESGOS INTELIGENTEMENTE

A medida que se va ganando experiencia se pueden tomar riesgos inteligentes que se saben que pueden llevar al éxito, los riesgos inteligentes pueden traer grandes ganancias, cuidado con esto de los riesgos, porque hay algunos que son precipitados y pueden arruinar todo, por eso el punto se llama riesgo inteligente, es ese donde ya la intuición y la experiencia dicen que de seguro la operación es buena.

Muchas veces un riesgo inteligente puede cambiar la vida del trader para mejor porque obtiene una de las ganancias más grandes que ha conseguido hasta el momento.

TEN PACIENCIA

La paciencia es necesaria en el mercado de divisas que es tan movido, operar en Forex puede drenar mucha adrenalina, pero la paciencia no se puede dejar afuera, toca tenerla a nuestro lado y tomada de la mano. Ella es un aliado clave si se pretende convertir en trader de éxito.

Desarrollar las mejores habilidades para ser un buen operador de Forex es una tarea que lleva mucho tiempo. Además también requiere de paciencia y se sabe que cuando se recién inicia, la ansiedad por arrancar el proyecto es acuciante, pero la ansiedad puede ser una enemiga mortal de la paciencia y del comercio.

La paciencia también es la que va a demandar diseñarse con cuidado el plan de comercio, no se puede operar en Forex sin un plan en detalle. Esto se puede aprender en alguna escuela de trading que hay en internet, pero siempre al final es el propio trader quien diseñará esto con mucha dedicación para que sea un plan de éxito.

Ahora que se tienen las habilidades y el plan comercial para operar en Forex, la paciencia está requerida y se tiene que aguardar a que las mejores oportunidades lleguen de acuerdo al diseño que se ha hecho. Una vez que se está en el juego se necesita paciencia para entrar y salir en los momentos correctos de las posiciones que se han tomado.

CAPACÍTATE CONTINUAMENTE

La capacitación constante hace a un buen trader. Cada día que se opere hay una lección nueva por aprender, así que se tiene que mirar el mercado Forex y mantenerse activo con lo aprendido. Hay que analizar las noticias, lo que sale en las tendencias, los procesos financieros y no descuidar el fundamento de Forex.

Lo más importante es estudiar, practicar, estudiar un

poco más, esto requiere de mucho tiempo y esfuerzo, pero al final los resultados son visibles.

BUSCA CONDICIONES COMPETITIVAS

La búsqueda de condiciones competitivas es trabajar siempre por alcanzar lo mejor, claro, con disciplina y paciencia, por eso es importante elegir condiciones de servicio de primera categoría y lograr los mejores spreads.

PLANIFICA CON ANTELACIÓN

Si se quiere lograr el éxito se tiene que planificar con antelación, el trading en Forex no es una apuesta, es un juego donde las estrategias son las reinas y se tiene que calcular con cuidado el movimiento que sigue antes de actuar.

Se puede empezar a formular un plan haciendo estas preguntas.

- ¿He pensado que puedo perder en algún momento?
- ¿Cuál es mi plan B para diversos escenarios?

Para poder tener éxito en el trading de Forex hay que esperar lo inesperado.

CONOCE LOS GRÁFICOS

Los gráficos son una extensión de la mano del trader, tiene que conocerlos en detalle. De seguro se va a operar en muchos mercados distintos y entonces hay que entender la información que se analiza para cada operación. Hay numerosas herramientas para hacer el trading más fácil. Nada es más eficiente en tiempo que los gráficos.

Los gráficos dan acceso rápido a muchos números pesados con un simple vistazo, por eso hay que desplazarse por él.

La recomendación es que se aprenda más sobre los gráficos de Forex y el modo de usarlos con:

- Los patrones de Forex más usados.
- Como leer los gráficos de Forex.
- Mejor software de gráficos.

UTILIZA STOP-LOSS

Una gran herramienta para utilizar es el stop loss, no de gratis es tan bien valorada por los traders.

No tener stop loss es básicamente una excusa para mantener una mala posición abierta, pero las malas situaciones rara vez mejoran y esto lleva a que el capital también se vea afectado.

El stop loss correctamente colocado elimina el riesgo de perder todo el dinero en un solo trade, el stop loss es muy beneficioso cuando no se tiene la capacidad de cerrar posiciones manualmente.

ANALIZA TUS OPERACIONES

Las operaciones hay que analizarlas tanto las buenas como las malas. Se tiene que seguir un diario de la actividad de Trading para mantener una disciplina y encontrar patrones.

Es sencillo aprender de los errores del pasado cuando se anotan, el tener un diario ayuda a que se sea honesto consigo mismo y se sea un gran crítico para no volver a cometer los mismos errores.

EXPERIMENTA

Experimentar es parte de hacerse un buen trading. Es ajustar la flexibilidad a la estrategia, es estar dispuesto a probar cosas nuevas y mejorar el trading, el mercado Forex evoluciona constantemente.

El mejor método que se puede seguir es que se experimente constantemente, claro con inteligencia y siguiendo los lineamientos anteriormente descritos.

5

TIPOS DE ANÁLISIS PARA EL
TRADING FOREX

ANÁLISIS FUNDAMENTAL

*E*l análisis fundamental o macroeconómico consiste en el estudio de las causas macroeconómicas que afectan la oferta y la demanda de divisas en el mercado Forex. El análisis fundamental se centra en la situación macroeconómica de un país determinado y también en la situación económica del mundo o de un grupo de Estados particulares y sus respectivas relaciones.

Se debe tener presente que el mercado funciona como un todo, por regla general los cambios que se producen en la economía terminan repercutiendo tarde o temprano en la oferta y demanda de divisas, los activos financieros y los commodities.

El mercado no es susceptible de percibir cambios por factores económicos sino por situaciones políticas que sucedan, sociales, e incluso climáticas que pueden afectar el mercado de divisas, y demás mercados de distinto peso.

En el análisis los indicadores juegan un papel fundamental. Los inversores centran su atención en los aspectos macroeconómicos para invertir en Forex y se suele denominar como fundamentalista.

El calendario de economía en Forex juega un papel clave para los inversores fundamentalistas. Todos los sucesos e indicadores económicos se pueden anticipar por medio del calendario económico. En este se detallan los eventos programados y los indicadores económicos a publicarse con su fecha de publicación y la estimación que se proyecta por cada indicador económico, junto con los resultados previos obtenidos.

Así cuando se da a conocer el indicador económico en cuestión, si el resultado publicado y proyectado no varía en lo sustancial con el resultado anterior, a lo mejor no se verá un cambio importante en el mercado Forex.

Pero si los datos publicados difieren en gran medida de las proyecciones que se estiman el mercado a lo mejor reacciona con fuerza y así los inversores en Forex suelen aprovechar los desfasajes económicos para ganar con las divisas.

Hay que considerar muchas veces que el mercado digiere con anticipación los cambios económicos y muchas otras en el mercado se anticipan y por lo tanto pueden ser que el suceso económico no afecte en el mercado Forex de manera marcada.

Desde otro punto de vista macroeconómico, las decisiones en materia de moneda se llevan a cabo por autoridades monetarias de cada Estado, también tienen gran relevancia en el mercado Forex.

Este tipo de interés o las tasas que fijan los bancos centrales y las operaciones del mercado abierto o la fijación de políticas activas tienden a repercutir con fuerza en el mercado de divisas.

Por regla general cuando un banco incrementa las tasas de interés la divisa de ese Estado se aprecia, igualmente cuando el banco central decide reducir las tasas de interés la moneda asociada se deprecia.

Es por esto que tiene gran importancia la política en el mercado de divisas Forex. Los inversores fundamentalistas siguen con atención las actas y minutas que publican las autoridades monetarias para mantenerse atentos a lo que dicen gobernantes y presidentes de los bancos centrales ya que podrían insinuar lo que digan sobre el futuro de alguna moneda.

Así cobran importancia los eventos que vienen de los bancos centrales y de los mismos gobiernos, organizaciones, empresarios, agencias de riesgo y personas líderes en el mercado.

Se debe tener presente que la estabilidad en el ámbito político se traduce en el aumento de la atracción. Hay que tener presente que estabilidad en el ámbito político monetario se traduce en aumentar la atracción económica entre los inversores extranjeros quienes invierten capital en el país y en consecuencia la moneda nacional se aprecia.

El mismo efecto sucede cuando la situación político económica se deteriora, lo que genera afluencia de capitales por lo general y un daño a la divisa nacional.

En resumen, el análisis fundamental o macroeconomico se enfoca en la causa y estudia todas las variables económicas, políticas y sociales que afectan la oferta y la demanda de elementos financieros.

El análisis fundamental analiza interpreta y detalla los indicadores macroeconómicos y las decisiones político monetarias, así presta atención al entorno económico general y a la situación política y monetaria y las expectativas del desarrollo mundial venidero.

ANÁLISIS TÉCNICOS

El análisis técnico mira el precio y los datos del volumen operado para determinar si seguirán más adelante o no. Siempre que el análisis se base en el movimiento de los precios se está haciendo un análisis técnico.

El principio del análisis técnico es que los mercados actúan por tendencias y que todo lo que influye en el comportamiento de los costos se expresa en el gráfico.

El análisis de la tendencia es indispensable para comprender y operar con éxito en el mercado Forex. Una de las grandes ventajas es que se vale para ganar tanto de la alza como de la baja, pues la compra de divisas equivale a vender a la contraparte.

El análisis técnico puede detectar muchos indicios de que la tendencia puede avanzar y encontrar zonas críticas en los costos que pueden servir de referencia para la operación.

La tendencia dice que los mercados se mueven por tendencia, el inversor tiene que verlas y detectar los factores que puedan sugerir un cambio, una tendencia que puede tomar años, meses o hasta horas.

El análisis técnico intenta detectar los niveles críticos que a lo mejor harán un cambio de la misma, las líneas que se tracen de tendencia por lo general dan soporte y resistencia, los objetivos de precio y en general muchas técnicas que son vitales para el trader.

La recomendación es operar con la tendencia, es más probable ganar, operando a favor de la tendencia que contra ella, las tendencias alcistas son menos escarpadas que las bajistas.

Los indicadores por lo general indican un nivel de sobrecompra o sobreventa, indica futuras posibles tendencias y correcciones, se tiene indicadores con

tendencias e indicadores líderes que intentan anticipar un giro o una pausa en la tendencia.

A nivel de experiencia se muestra que el estado de
ánimo de los operadores se repite, un conocimiento
de cómo se desarrollan los precios y sus fases de
mercado ayudan a tener una idea de la evolución de
los precios.

6

CONCEPTOS CLAVES DEL TRADING FOREX MEDIANTE CFDS

FOREX O MERCADO DE DIVISAS

*D*entro del mercado de divisas donde opera la gran infinidad de estrategias se encuentra la famosa Forex, que como bien se expresó antes, forma parte del mercado mundial y descentralizado donde se dan negocios de divisas a diario.

El nacimiento de este mercado se debe a la meta de poder facilitar el flujo monetario que se deriva del comercio internacional, es por gran margen el mercado más grande del mundo, llega a mover un volumen diario de transacciones que va por los cinco billones de dólares, esto es más que todos los demás mercados combinados. Su crecimiento ha sido tan grande que actualmente las operaciones en moneda extranjera que se deben a operaciones de bienes y servicios representan un porcentaje casi residual. Prácticamente todas las que se dan es la compraventa de activos financieros.

Este es un mercado bastante independiente de las operaciones comerciales y las variaciones entre el precio de dos monedas no puede explicarse de forma exclusiva por las variaciones de los flujos comerciales.

PAR DE DIVISAS

Un par de divisas son las dos divisas que se usan para realizar una operación comercial de compra venta, dicho en otras palabras, es darle valor a una unidad de una divisa relativo al valor de otra divisa en el mercado internacional de divisas.

Un par de divisas se componen de dos divisas: la divisa base y la divisa contraparte, para referirse a un par de divisas se maneja el código ISO 4217 de cada una de las divisas de manera concatenada y se separan por una barra, por ejemplo USD/EUR, será el par compuesto el dólar como divisa base y el euro como la divisa contraparte.

Muchas veces la barra se omite y se escriben los códigos sin separación, por ejemplo USDEUR.

La divisa que se pone como base según las reglas estandarizadas para formar anotaciones de pares de divisas se basa en las prioridades atribuidas a cada divisa, aunque no hay un organismo que rija una norma para hacerlo.

La cotización de un par de divisas es el valor relativo de la divisa base respecto a la divisa contraparte, indicando la cantidad de divisas contraparte equivalente a una unidad de divisa base.

Si el tipo de cambio de un par de divisas aumenta, indica que la divisa base ha aumentado su valor relativo respecto a la divisa contraparte ya sea por fortaleza de la divisa base, debilidad de la divisa contraparte o por ambas causas.

Igualmente si el tipo de cambio de un par de divisas se reduce indicará que la divisa base se ha hecho relativamente más débil respecto a la divisa contraparte.

PIP O PUNTO

Pip es la abreviatura en inglés de point in porcentaje o punto porcentual, es una medida del movimiento más pequeño del tipo de cambio en un par de divisas en Forex. El pip es una unidad estándar y es la cantidad más pequeña según la que una cotización de una moneda puede variar.

En la mayoría de los pares un pip equivale a una variación del 0.01% o a un 1/100 de un uno por ciento, es un valor generalmente denominado en terminología financiera como punto base.

SPREADS

El spreads en Forex es la diferencia entre los precios de demanda o compra y la oferta o venta, la manera de medirlo es en pips. Visto desde el punto de vista de un bróker online, el spread trading es de las principales fuentes de ingreso, junto con las comisiones y tarifas de intercambio.

En la Bolsa el spread puede variar o puede ser fijo, la mayor parte de los brokers online ofrecen spreads trading que varían.

La mayoría de las personas cuando compran o

venden algo, el precio suele ser un factor clave a tener en cuenta en el proceso de toma de decisiones, aunque no siempre se le otorga la suficiente importancia a los precios que tiene la transacción como tal.

Esto es algo real tanto para el trading de Forex como para alguien que hace una transacción externa con cualquier compraventa.

Cuando se opera en Forex uno de los costos de transacción clave es el spread.

MARGEN

El margen de Forex es un depósito que se hace para mantener las posiciones abiertas, no es una comisión o un costo por esa transacción, es una porción del capital de la cuenta que se aparta y asigna un depósito. El margen de Forex es un porcentaje de la cantidad total de la posición escogida. El margen puede tener consecuencias importantes, puede influir en los resultados de las operaciones tanto de manera positiva como negativa.

En resumen el margen inicial es la cantidad mínima que se tiene que tener en cuenta de trading para poder abrir una posición de mercado bursátiles.

APALANCAMIENTO

El apalancamiento es algo que puede parecer confuso para quienes están empezando en el Forex o CFDs. Apalancamiento es una herramienta que permite que se invierta un valor nominal mayor al valor de los recursos usados.

Gracias al apalancamiento, el traders puede abrir posiciones que sean hasta mil veces el valor inicial. En otras palabras, apalancamiento significa en que un trader opera con volúmenes superiores a los que ya tiene usando su propio capital dando como resultado el acceso a mercado que a menudo son inaccesibles.

MARGEN LIBRE

El margen libre de Forex es la cantidad de dinero que no se utiliza para garantizar ninguna operación y se puede usar para abrir más posiciones.

Se puede calcular o definir de esta manera:

El margen libre es la diferencia entre el patrimonio y el margen. Si las posiciones abiertas dan beneficios entonces el capital o patrimonio será mayor y en consecuencia el margen libre aumentará.

Si se tienen posiciones de pérdida el margen disponible se reduce.

NIVEL DE MARGEN

El nivel de margen es la relación entre los fondos de un trader y el margen que se expresa en porcentaje, el nivel de margen muestra los riesgos actuales permitiendo reducirlos. Al prestarle atención a ese nivel de margen el trader puede ver si tiene fondos para abrir una posición o para mantener abierta una posición, el nivel de margen se puede calcular usando esta fórmula: Nivel de Margen = (Patrimonio / Margen Necesario) x 100%.

STOP OUT

Stop out es un nivel es el punto específico donde se produce un cierre forzoso de las posiciones abiertas en Metatrader, debido a una reducción del margen libre. Esto significa que ya no se pueden respaldar las posiciones abiertas.

PLATAFORMA DE TRADING

La plataforma de trading es una herramienta elemental para cualquier inversor que opera en los mercados financieros por medio de internet, se trata de un programa diseñado para analizar el mercado, conocer los precios de los instrumentos financieros disponibles para invertir, abrir, controlar y cerrar posiciones según las decisiones que vaya tomando el trader.

ORDEN A MERCADO

Las órdenes de mercado son las que se ejecutan inmediatamente a los tipos actuales que se conocen en el mercado. Por ejemplo el GBP/USD se negocia ahora a 1,5782. Si se quiere comprar a este precio se tiene que dar clic en comprar y la plataforma de operaciones hará la orden de compra a ese precio.

Cuando cierra una posición de manera manual, el trader también está ejecutando la orden de mercado por la misma cantidad que la posición abierta, pero en la dirección contraria.

Para cerrar una posición comprada en GBP/USD, el trader deberá vender la misma cantidad que tiene comprada, es lo que se llama una operación de compensación o liquidación.

ORDEN STOP DE ENTRADA

Una orden stop de entrada es una orden que se puede predeterminar en la plataforma para comprar o vender a un precio determinado. Por ejemplo el EUR/USD se negocia a 1,2345 ahora, y se quiere comprar si el precio llega a 1,3000, se puede controlar el tipo de cambio y colocar una orden manual para que si llega a ese nivel de precio se haga, o se programa una stop de entrada en 1,3000. Si sube a ese precio la plataforma de trading ejecutará de manera automática una orden de compra.

La orden stop de entrada para comprar debe tener un precio superior al del precio actual, mientras que para vender el precio tiene que ser inferior a la demanda actual. Como dato final no todos los brokers garantizan una ejecución a ese precio o cerca del precio marcado en la orden.

CONCLUSIÓN

Sin duda Forex es un mercado importante. Para alguien que entra a hacer alguna transacción puntual en este mercado puede no necesitar protegerse de este tipo de cambio, pues la transacción se ajusta sola, pero en el caso de alguien que vaya a entrar a trabajar por un periodo de tiempo más largo si necesita tener un bróker y buscar cómo protegerse.

Los mercados suelen ser en ocasiones irracionales y pueden haber variaciones. Para terminar es importante recalcar algunos consejos que se vieron a lo largo de este trabajo y que son vitales cuando se quiere entrar al mundo Forex.

La primera es que se escoja al mejor bróker o intermediario, según el capital y los tipos de cuenta, la experiencia, la edad, el país, la facilidad que se tenga para moverse entre las plataformas, los riesgos que se tenga disposición a asumir, los beneficios y el plazo de tiempo con el que se desee obtener. Entre otras variables.

El broker ideal es el que se adapte a las necesidades y que tenga buenas recomendaciones.

Si se va a hacer trader se tiene que definir un objetivo, el límite de ganancias y pérdidas y hacer cuantificaciones temporales, esto quiere decir, tener claro cuál es la máxima de capital y aprender a salir por la puerta grande si se presenta la situación.

La otra es que cuando se haya escogido al bróker ideal y se tenga claro el calendario con sus objetivos, se sea cuidadoso con los márgenes de apalancamiento. Los brokers que operan con CFDs que son la mayoría ya permiten multiplicar los beneficios lo cual es una inmensa ventaja o bien en la misma proporcionalidad dividirlos lo cual no es tan bueno. Son riesgos inteligentes que se pueden asumir cuando se tengan claros los conceptos y pasos que se dan cada momento, aunque esto no es recomendado para quien está empezando.

Otro consejo es que si se declina por el apalancamiento se debe hacer poco a poco, con pequeñas cantidades para tomar conciencia de las consecuencias buenas y no tan buenas de este sistema.

Y como consejo final es que se tome consciencia de la personalidad que se posee, si se reconoce como una persona arriesgada y propenso a perder la paciencia hay que tenerlo claro y que hay que saber que es algo que no siempre favorece, asimismo el ser demasiado prudente, influenciable o nervioso puede ser negativo. Las emociones tienen que ser controladas y la mente fría, tal como se explicó en su momento.

www.ingramcontent.com/pod-product-compliance
Lightning Source LLC
Chambersburg PA
CBHW031849200326
41597CB00012B/340